サッカー部
監督力と
コーチ術

流通経済大学付属
柏高等学校
サッカー部監督
本田 裕一郎
監修

弱小校でも勝てる！最強バイブル

メイツ出版

はじめに

　私が指導者としてサッカーに関わるようになって、早いもので40年以上の歳月が経ちました。最初に赴任した市原緑高校は新設校で、グラウンド整備や部室づくりから手がけるという文字通りのゼロからのスタートを経験しました。私自身も全国の強豪校と言われる学校に何度も足を運んで指導法を学び、高校総体初出場を成し遂げるまでがむしゃらに選手たちを鍛えたのも今では良い思い出です。その後習志野高校に異動して高校選手権で準決勝進出、インターハイ初優勝という大きな経験をすることができました。また、市立船橋高校という良きライバルとも出会い、現在に至るまで千葉県

サッカーのレベルアップに多少なりとも貢献できたのではないかと自負しています。流経大付属柏高校での指導も15年を越えましたが、まだまだ指導者として「あれも試してみたい、これをやってみたい」という気持ちでいっぱいです。
　私は指導者の役割とは、「いい選手を集めること」「いい指導をすること」「いいところへ選手を送り出すこと」の3つであると考えています。グラウンドが狭く練習時間が限られている、選手が思うように集まらない…など、どんなに環境が整っているように見える学校でも何かしらの課題は抱えていることでしょう。しかしそれをひとつひとつ解決していく情熱を失わない限り、指導者もチームも必ずレベルアップしていくことができるのです。
　たとえば帝京高校のサッカー部監督として9回の全国優勝をされた小沼貞雄先生は、サッカー選手

としての経験はなく、陸上競技駅伝の選手でした。小沼先生の負けず嫌いと情熱は、他に類を見ません。時代が違う？　全く関係ありません。私は全国津々浦々で情熱家を数多く見てきました。勝利への執念と情熱さえあれば、どんな時代でもどんな環境の中でも名指導者になれると思います。勝利への強い思いと情熱です。まず指導者である自分が他の指導者に勝てなくては、自分のチームに勝利への執念は伝わりません。そしてチームとは「勝つ」ことで必ず進歩する。苦しい練習で汗を流し、励まし合って勝利を目指した仲間との絆は一生の宝となり、その後の人生を豊かにしてくれます。

　高校生年代は心身ともに選手が成長のピークにある時期であり、最も成長を実感できる時期でもあります。「今鍛えずにいつ鍛える」という情熱を忘れずに、選手と一丸となって勝利を目指す次世代の指導者たちに私は大いに期待しています。

本田裕一郎
(流通経済大学付属柏高等学校サッカー部監督)

サッカー部　監督力とコーチ術
～弱小校でも勝てる！最強バイブル～

目　次

はじめに ･･････････････････ 2

序　章
ゼロからのスタートでも強くなれる！
指導者の役割とレベルアップのポイント ･･････････ 8

勝ちにこだわり続ける指導者が
自立心を持って勝利をつかむチームを作る ･･････････ 9

指導者に必要な3つの資質とは

チーム状況に応じた練習計画とレベルに応じた目標を設定する

年間スケジュールに応じた練習内容を工夫する

サッカーノートを書かせて日々の練習を振り返る

高校生年代に重要なのは戦術を理解すること

チーム戦術の中でいかにパフォーマンスを発揮するか

海外では「18歳でプロ」は当たり前。世界基準を知ることも指導者の役割

3年間の努力は今後の人生の糧となる

「変わること」を恐れずに常にチャレンジする

あふれる情報に囲まれて選択肢が多すぎる

何事も諦めずに前に進む気持ちを忘れずに

daily training
基礎体力と柔軟性を高めPK練習を繰り返して経験を積む ･････････ 22

第1章　初級編　ベーシックな技術と戦術を身につける ………… 27
   session　1　シンプルなボールタッチですばやく攻撃 ………… 28
   session　2　システムの基本を理解する ………… 34
   session　3　ポゼッションとセットプレーの基本を理解する ………… 40
   session　4　ボールポゼッションとプレスの意識を高める ………… 48

第2章　中級編　戦術を理解し柔軟な対応力をつける ………… 57
   session　5　攻撃のスピードを上げる ………… 58
   session　6　スペースを広く使ってクロスボールを入れる ………… 64
   session　7　カウンター攻撃でシンプルにゴールを狙う ………… 70
   session　8　試合の状況に応じた攻撃のスピードを使い分ける ………… 76
   session　9　オープン攻撃からクロスボールをすばやく入れる ………… 82
   session　10　球際のプレーを強化する ………… 88
   session　11　試合前のコンディションチェック ………… 94

第3章　上級編　試合を想定して実戦感覚を磨く ………… 101
   session　12　ひとつ先のプレーを読みセカンドボールを拾う ………… 102
   session　13　試合前の課題を整理しプレーの精度を上げる ………… 108
   session　14　ボールを保持してプレスをかける ………… 114
   session　15　あらゆる状況を想定して試合にのぞむ ………… 120

HALF TIME 1
世界基準を見据えて10代からプロになれる選手を育てる・・・・・・・・・・ 21

HALF TIME 2
思いが強ければ行動が起きる。行動することでさらに目標に近づける・ 33

HALF TIME 3
親御さんとも良好な関係を築くことがチームの和や結束を深める・・・・・ 39

HALF TIME 4
あいさつ、掃除など基本的な生活習慣を身につける・・・・・・・・・・・・・・・ 47

HALF TIME 5
高校生年代は心身ともに成長のピーク・・・・・・・・・・・・・・・・・・・・・ 56

HALF TIME 6
「勝負に勝つ」ことを目的に具体的な目標を持ってステップアップ・・・・ 63

HALF TIME 7
「やらせる」「見ている」「チェックする」が指導の三大ポイント・・・・・・ 69

HALF TIME 8
監督の役割とコーチの役割・・・・・・・・・・・・・・・・・・・・・・・・・・・ 81

HALF TIME 9
日頃からプロになったつもりで高い意識で練習に取り組む・・・・・・・・・・ 87

HALF TIME 10
まず何事も「まねる」ことから自分なりのアイディアが生まれる・・・・・ 99

HALF TIME 11
練習の目的はイメージで伝え考えさせることで自立心を養う・・・・・・・・ 100

HALF TIME 12	
「戦うメンタリティ」は「一番」になることで培われる	107

HALF TIME 13	
試合でも平常心を保ちリラックスする方法とは？	113

HALF TIME 14	
「運」は決して偶然ではなく自分でつかみ取るもの	119

HALF TIME 15	
負けた原因を考えることが次に勝つことにつながる	125

column 1	
フィジカルトレーニング　1	54

column 2	
フィジカルトレーニング　2	126

序章

ゼロからのスタートでも強くなれる！
指導者の役割とレベルアップのポイント

「勝ちたい」「強くなりたい」という情熱を持ち続けられる指導者とチームは必ず結果を出すことができる。どんなに弱いチームでもレベルに合った練習計画に基づいてトレーニングを続けることで、しだいに大きな目標に近づくことができるのだ。

勝ちにこだわり続ける指導者が
自立心を持って勝利をつかむチームを作る

指導者に必要な
３つの資質とは

　私は指導者には以下の３つの資質が必要であり、それさえあれば誰でもできると考えています。

　まずは「まねる力」。いろいろな情報から、まずまねでいい、コピーでいいからやってみることです（→ P99 HALF TIME 10）。次に「段取り力」。チームの実情とレベルを見極めた上で、現状にもっともふさわしい練習プランを考えることです。次に必要なのは「実行力」。立てたプランを実際に行い、レベルアップをはかることです。そして継続することです。どんな練習でもいいから、信じて継続することです。

　失敗に失敗を重ねて続けるのです。まさに「継続は力なり」なのです。その結果が勝ちにつながれば、指導者も選手も大きな自信を持つことができるのです。

チーム状況に応じた練習計画と
レベルに応じた目標を設定する

　チームづくりをする上では、練習計画をしっかり立てることがとても重要です。これが「段取り力」です。

　年度始めの年間計画を立てる場合は、まず現在の選手がどんな環境で、どんなレベルにあるかを把握することです。ここで気をつけたいのは、チーム全体のレベル設定を誤らず、選手たちの状況把握を明確にすることです。

　たとえば現状の実力が1のチームを2や3にすることはできますが、1をいきなり10にすることはできません。5から7、8から10など、選手をしっかり見て判断し、現在の立ち位置がどこにあるかを互いに知り、そこからスタートしてレベルアップが可能な指導をすることが重要なのです。

　チーム全体の現状が把握できたら、そこから今年のチームが目指す少しだけ高い目標を設定します。これが「小目標」です。小目標には「県大会出場」「県大会ベスト8」「県代表」などいろいろありますが、大切なのはチームのレベルに応じてなるべく具体的に設定することです（→ P63 HALF TIME 6）。その目標に対して、ここでも選手たちにそれを実現するための個人の目標を設定させて、できるだけ両者の目標を一致させるようにします。

　この「せめてこれだけは達成したい」という小目標に加えて「もっと高いレベルでできれば達成したい」という大目標も設定すべきでしょう。これも小目標同様に、それを達成するための方法を選手たちに考えさせるようにします。たとえばある選手が「レギュラーになる」という目標を掲げた場合、「どうしたらレギュラーになれるのか」「そのために必要なことは何か」を具体的に考えさせることが大切です。その結果、「クーパー走でチーム全員が3300m以上走る」という具体的な目的が生まれ、その実現に向けて全員がレベルアップをはかることができるのです。この段取りがうまくいかないと、その日暮らしの練習で終わってしまい、良い結果にもつながりません。

目標には技術面、メンタル面、チームとして達成すべき点などさまざまな要素があります。それぞれに必要なことを指導者が具体化して設定し、それをまた選手個人のレベルに落とし込む（具体化する）ことを繰り返していくのです。

年間スケジュールに応じた練習内容を工夫する

　高校生年代は年間で決まった時期に試合があるので、それに応じた年間の練習プログラムを組むことが必要です。テクニックを磨く時期、体力をつける時期、戦術を覚える時期を設定し、それぞれをレベルアップするための練習を行うことが大切です。
　たとえば、新チームのスタート時はまずテクニックをレベルアップする練習をして、試合のない期間には集中して体力をつけるトレーニングをする。そして試合の前になったら戦術中心の練習をするなど、年間の予定に応じて目標を設定します。また、毎日の練習は試合のあ

る週末から逆算して、次の試合のために必要な練習を必要な時期に行うようにします。

　練習メニューはあらかじめ数日分を作成しておくのではなく、だいたいのアウトラインを決めた上で、前日の練習をふまえてその日に必要な内容をその都度加えたり、変更したりして、フレキシブルに対応することが重要です。もうひとつ重要なのは、練習内容は必ず記録として残すことです。日々の記録が残ることで練習内容や練習計画を振り返ることができ、資料として活用することができるからです。

　最終的な選手選びのポイントは、最初に選手たちに選ばせてみる、個人の選手を指名して選ばせる、キャプテンに選ばせる…などをさせてから、最終的に監督が毎日の練習と、コンディションの善し悪しを見極めて決めることです。たとえば週末に試合が控えている場合は、試合前の週の半ばくらいで紅白戦を行い、その時のコンディションをチェックして総合的に判断します。

サッカーノートを書かせて
日々の練習を振り返る

　チームとして、また個人として目標を達成するためにどうしたか、どんなことを考えたかなどを記録するのがサッカーノートです。私は、全員に毎日サッカーノートを書かせて、翌日の練習前までに提出させています。重要なのは過ぎたことを反省するより、明日のことを考えさせることです。練習メニューなどは少しでいいので、今日のできご

と、勉強になったことなど、その日の自分の心のありようを中心に記入させるようにしています。サッカーノートを書いて１日を振り返ることは復習になり、「明日はこうしよう」と思ったことを書いておくことで予習にもなる。毎日ノートに向き合うことで自分を客観的に見つめ直す習慣をつけることができます（→ P26 コツ3）。

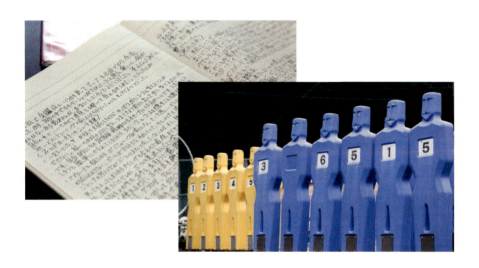

高校生年代に重要なのは戦術を理解すること

　高校生年代で最も重要なことは、持っている技術と選手の特徴から、チーム戦術を作ることです。そして選手たちが個々の技術ではなく戦術を学び、それを理解して表現することです（→ P57 第2章 中級編）。そのためには全体的なイメージを共有することが必要で、チームモデルを探すことも大切です。それはＪリーグでも海外のチームでもいいでしょう。その上で、指導者はそれをわかりやすくかみくだいて伝える必要があります。それは選手を「型にはめる」のではなく、たとえば「今この状況ではボールを高い位置で奪うのか、低い位置で奪うのか」などをゲームの中で瞬時に判断し、それを的確に表現できることに他なりません（→ P34 session2）。

個人をレベルアップし、技術を高めることは決して間違いではありませんが、理想的には高校生年代までに基本的な技術をすべて身につけ、16歳からはその技術をどうチーム戦術で使うかに力を注ぐべきでしょう。

　そして戦術は、まず自分のチームの持ち味を生かすことだけを考える。相手チームの特徴を知り、それに対してどのように戦うかという観点で考えるのはその次です。実際の試合では、自分たちがずっと試合を支配することはほぼ不可能なので、どちらかと言うと自分たちが主導権を握れない時の戦術をしっかり考えておく必要があるでしょう（→ P101 第3章 上級編）。高校生年代は、戦術の中でいいパフォーマンスができるかどうかがとても大切です。なぜ今ここでボールを持っていいか、いけないのか、ひとりでドリブルで持ち込んではいけないのか…など、それぞれの局面でベストなプレーを覚えていく年代でもあります。チーム戦術の中で個を生かし、自分のストロングポイントを磨くことが重要でしょう。

　先述したように、選手に「自分たちのサッカーの戦術」をわかりやすく伝えるためには、チームモデルを利用したり、キーワードを設定するのもひとつの方法です。「バルセロナのようなパス回し」「ミランのような攻撃」と言うと具体的なイメージがつかみやすくなり、戦術の理解を深めることができます（→ P81 HALF TIME 8）。

チーム戦術の中で
いかにパフォーマンスを発揮するか

　高校生年代では、戦術に応じて自分自身がどれだけパフォーマンスできるかが大切です。「今なぜそこでボールを持っていいのか、ダメなのか、ドリブルせずにパスを回すのか…」などを、戦術練習を繰り返し行うことでひとつひとつ覚えていく年代なのです（→P40 session3）。チーム戦術の中でいかに個を生かすか、ひとりひとりが考えながらプレーすることで戦術理解が深まり、少しずつレベルアップしていきます。

海外では「18歳でプロ」は当たり前。
世界基準を知ることも指導者の役割

　私はこれまでに何度も海外のチームを見に行きましたが、毎回感じるのは「16～18歳まででプロになれるかどうか」というのが海外で

の常識になっているということです。16〜18歳はプロにチャレンジする年齢であり、それ以降は「チャレンジ」ではなく「即戦力」という役割が求められる。大学を卒業してからプロを目指す場合は絶対に即戦力を目指し、プロ選手と対等にプレーできなくてはいけません（→ P21 **HALF TIME 1**）。

3年間の努力は今後の人生の糧となる

　高校生年代には、「プロになる」ことを目標にして、その目標がかなうことだけがすごいのではなく、その目標に向かって努力する姿が大切なことも教えることが大切です。人生には必死に努力をしても結果が出ないことの方がずっと多い。それでも結果を出すためにどうしたらいいかいろいろ考え、目標に向かって進んでいくプロセスが大切なのです。大好きなサッカーで生きていけるならそれに越したことはありませんし、そういう生き方も幸せだと思いますが、それが可能なのはごく限られた特別な人間であり、普通の人にはなかなか手が届か

ないものです。しかしそれがダメなのではなく、「自分は３年間本当に一生懸命やった」という経験ができることが大切なのです。この経験は、たとえ夢がかなわなくても他の領域で必ず生かされる経験なのです。

　高校生年代で何かに夢中になって、努力し学ぶという体験はとても大切なことです。３年間サッカーという領域の中でとことん努力した人間は、その後の人生の他の職種領域でその経験を生かし、豊かな人生を送ることができるでしょう（→ P56 HALF TIME 5）。

「変わること」を恐れずに常にチャレンジする

　現代サッカーは毎日のように進歩し、進化しています。一番大きく変わるのは４年に１度のワールドカップの時期ですが、基本的にはずっと同じ指導でいいということはあり得ません。

　高校サッカーでは少なくても１年ごとに選手が入れ替わり、選手の

資質も異なります。原則的な戦術をベースにしつつ、それぞれの年代に最も合った指導をすることでレベルアップをはかる必要があるでしょう。そして何事も行動するのは「今」。失敗を恐れずにまずやってみることです。

人間には、何かを思い立った時にまず考えてから行動を起こす人、行動しながら考える人、まず行動してから考える人…など、さまざまなタイプがありますが、私は考えて考えてチャンスを逃すよりは、失敗してもいいからまずやってみて、それから考えても決して遅くはないと思っています（→ P33 **HALF TIME 2**）。

あふれる情報に囲まれて
選択肢が多すぎる

現在は超情報化社会であり、身の回りのあらゆるところに情報があふれています。今の高校生たちを見ていると、あまりにも選択肢が多すぎて、自分が何をしたかをすぐに忘れているように思えます。

その最大の要因はスマートフォンの普及であると私は考えています。極端な話、スマートフォンさえあれば彼らは1日中退屈することがあ

りません。確かにスマートフォンは便利で生活に欠かせないものですが、人間には「何もすることがない」という退屈な時間が必要なのではないかと私は思うのです。

　人間は暇で無駄な時間があると、その時間をどのように過ごしたらいいのかイヤでも考えるものです。友人と話をする、ひとりでのんびりいろいろなことを考える、遊びに行く…など、そこにはスマートフォンからは得られない別のさまざまな選択肢があり、さまざまな行動が生まれることでしょう。情報に振り回されないこうした時間は、現代社会においては非常に貴重で豊かな時間です。今後こうした時間を取り戻すためには、全くスマートフォンを使わない日を強制的に作るなどする必要があるのではないかとさえ私は考えています。

何事も諦めずに
前に進む気持ちを忘れずに

　指導者に求められる役割とは「いい選手を集めること」「いい指導をすること」「いいところへ選手を送り出すこと」の3つであると私は冒頭で申し上げました（→P2 はじめに）。

　どんなチームでも、誰もが思い通りのいい選手を獲得できるとは限りません。いい選手を獲得するためには、選手に「ここでサッカーが

したい」と思ってもらえるような環境を自分で工夫することです。そして何度も足を運び、情熱と熱意を見せること。名もない指導者であればあるほど越えるべきハードルは高いものですが、それをすべて乗り越えていかなければなりません。

　現在はサッカー人口がかなり多いので、実は選手を集めるのはそれほど難しくはありません。しかし何もしなくてもいい選手が来ると思ったら大きな間違いでしょう。たとえば県大会にも行ったことがないような実績のないチームから誘われても、選手は「行きたい」と思うでしょうか。チームを強くするには時間がかかり、創意工夫と忍耐が必要です。また、学校によってはグラウンドが狭かったり、練習時間が限られているなど環境に恵まれていないかも知れません。それでも諦めずに、「何が何でもやってやる」という思いと行動力、自分を鼓舞する気持ちを持ち続けて指導者は前に進むしかないのです。特に勧誘については、他の指導者と同じことをしていてはダメでしょう。この部分はまねるのではなく、自ら考える必要があります。新規開拓する営業マンの手法も参考になるでしょう。

　弱小チームからでも、ゼロからのスタートでもチームは必ず強くなる。「勝ちたい」という情熱を持ち続けている限り指導者は進歩し、選手はレベルアップしていくことができるのです。

HALF TIME 1

世界基準を見据えて10代からプロになれる選手を育てる

　世界のプロサッカーチームには、10代で活躍しているプロ選手が当たり前のようにいます。日本では高校を卒業してすぐにプロで活躍する選手はごくまれですが、これからは世界の強豪国のように18歳でプロになれる選手を育てられなければ、日本のレベルアップははかれないでしょう。高校卒業後すぐにプロにならず、大学に進むという進路も否定はしませんが、その場合は大学を卒業してプロ選手になった時に即戦力でないと通用しない。それが世界の強豪国の現実です。世界基準は20歳までです。

　残念ながら現在の日本では、Jリーグでもユース年代からトップ登録されて試合に出る選手がとても少ないのが現状です。トップチームには10代の選手がごろごろしていることが理想的でしょう。20歳以下の年代で世界と戦えないとトップチームは強くならない。現在の日本では、その年代が低迷していると私は感じます。この点については、指導者も選手自身もまだまだ認識が甘い。もっと危機感を持つことが必要でしょう。18歳でプロとして通用する選手を育てることを指導者はもっと意識するべきだと思います。それにはもっと世界を知り、世界のサッカーの実情を知ること、世界を見ること。指導者は国内だけでなく、常に海外にも目を向けて選手を育成することが求められているのです。

序章

daily training 基礎体力と柔軟性を高め PK練習を繰り返して経験を積む

1　ウォーミングアップ

練習内容と関連づけたメニューを選択する

　ウォーミングアップには、一般的に知られているブラジル体操を筆頭にさまざまな種類があるが、その日の練習内容に応じて必要な内容を取捨選択することが大切だ。

　まず最初に、すべてのトレーニングの基本となるランニングで体をほぐし、ストレッチを十分に行ってケガをしにくい体づくりに留意する。その後スピード系の練習で追い込みたい時はラダー、ジャンプ力を強化したい時はハードル、柔軟性を強化したい場合はスライディング、競り合いを強化する場合にはボディコンタクト…など、その日の練習内容に関連づけたメニューを取り入れて練習の効率化をはかる。

走ることはすべての基本であり、体力強化にも欠かせない

股関節を柔らかくするための開脚ストレッチ

アキレス腱と脚の後ろを伸ばすストレッチ

ももを上げ脚を回転させて柔軟性を高める

ウォーミングアップ例-1　スライディング

＜開脚スライディング＞

サイドからの速い攻撃を防ぐために必要な技術。開脚してボールをブロックし、アウトサイドでタッチしてピッチ外に出す。

まずボールを使わずに、開脚スライディングの基本姿勢を確認する

次にボールを使って練習する。ライン際に出されたボールを走って追い、開脚スライディングでピッチ外に出す

<ベースボールスライディング>

狭いスペースでボールをブロックした後、すぐに立ち上がってプレーを続けるために必要な技術。スライディングする足のひざ下にもう片方の足を入れることで、ボールタッチした後にすぐに立ち上がることができる。

2人1組で向かい合う。ひとりは基本の姿勢で座り、もうひとりは立って座った相手の片手を持つ

持った手を引き、徐々に体を起こす

体を完全に起こし、両足が平行になるように立つ

最初の姿勢に戻り、座る←→立つを繰り返す

ウォーミングアップ例-2　ボディコンタクト

　ヘディングの競り合いなど、試合中のボディコンタクトに負けないパワーをつける。体幹を鍛えることで、体のぶつけ合いで多少バランスを崩されてもボールを失わずにプレーすることが可能になる。

2人1組で横を向き、肩をぶつけて両側から押し合う

反転して逆の肩をぶつけ、同様に両側から押し合う。これを繰り返す

コツ1：その日の練習に関連する内容を随時取り入れる

2　PK練習

GKとの駆け引きと心理戦に慣れる

　PKはGKとの1対1の駆け引きであり、心理戦でもある。GKの立場になって、いかにそのリズムを狂わせるかを念頭に置き、助走、ボールの置き方…など、あらゆる工夫を凝らして自分の間合いで蹴ることで、自分の中のPKの引き出しを増やすことを意識させる。

　大会形式によっては、PKで試合の決着をつける場合がある。緊迫した状況下で正確なシュートが求められるPKは、一朝一夕で身につくものではなく、毎日練習して数多く蹴ることが成功率を上げる唯一の方法だ。GKが最も苦手とするのはゴールの右上隅と左上隅なので、正確なコントロールでそこを狙うことで、シュートの技術もレベルアップする。

蹴り方や狙う位置を工夫して繰り返し練習する

GKはキッカーの動きを見て瞬時にコースを判断する

コツ2：毎日繰り返して練習することで経験値を上げる

3　サッカーノートを毎日記入し提出させる

毎日の練習を振り返り明日のステップアップにつなげる

　練習後に毎日サッカーノートを作成することで、自分を客観的に見つめ直す習慣を身につけることができる。記入するのは練習の具体的なメニューなどよりも、その日に感じたこと、出会ったことなど、気持ちのあり方を記録させることが大切だ。指導者は必ず目を通し、コメントなどを書き添えることが望ましい。

慣れると次第に長文を書くことが苦にならなくなる

コツ3：ノート記入を通じて自分を客観的に見つめ直す習慣をつけさせる

初級編
ベーシックな技術と戦術を身につける

「止める」「蹴る」に始まる基本的な技術なしではサッカーは上達しない。しかも、そのスピードレベルをどんどん上げていくことが必要だ。どんな状況でもミスをしないテクニックがあって初めて、試合の状況に応じた戦術を使い分けることができるのだ。

session 1　シンプルなボールタッチですばやく攻撃

現代サッカーは、昔に比べてプレッシャーがどんどん速くなり、プレーのスピードが要求されるようになってきている。プレーのスピードを速くするためには、少ないボールタッチでシンプルに攻撃することが大切だ（コツ6）。

ボールタッチが少なくなればなるほど、正確な技術（最高の技術）が要求される。日頃から実戦を想定してディフェンスをつけて行うことはもちろん、タッチ数を制限することで常にレベルアップを意識させることが必要になる（コツ4）。ダイレクトパス、ワンツーパスなど、日頃から狭いスペースでバリエーションをつけたパス練習を多く取り入れることが重要だ（コツ5）。

さまざまな局面に応じた判断力の早さも不可欠だ。判断するスピードが早ければ早いほど、攻撃の選択肢が増える。指導者は日頃の練習から、常にストイックにひとつ先を読むのが賢いサッカーであることを教える必要があるだろう。

サッカーはたったひとつのボールを限られた時間で奪い、ゴールを奪い合うシンプルなゲームである。まず全員が「どのようにたったひとつのボールを取るか」という共通意識を持つことが欠かせない。そして全員がそれぞれの役割を理解し、パスの長短やスペースの有無を常に判断しながら変化をつけて一気に攻撃する意識を持つことで、さまざまな戦術が可能になるのだ（コツ7）。

ボールタッチの技術を磨くには、タッチ数を減らしていくことだ。高校生年代では常にタッチ数を意識させる必要があるだろう。正確な技術はどんな状況でも最良のプレーを選択し、それを実現するための強力な武器となる。選手全員に自分の長所とウィークポイントを理解させ、長所を伸ばすだけでなく、ウィークポイントを克服するための練習方法を考え実践させることで、チーム全体のパフォーマンスが向上し、さらにレベルアップが期待できるのだ。

コツ4：DFを意識しダイレクトパスで攻撃をスピードアップ
コツ5：狭いスペースでのプレーの精度を上げる
コツ6：早いパス交換から確実にゴールを狙う
コツ7：ゴール前まで一気にボールを運ぶ意識を持たせる

session1

1		ウォーミングアップ			10分
2	ボールテクニック	6人1組の十字パス（ダイレクト）	6人1組の十字パス（DF付き）	ミドルパス＆ヘディング	計15分
3	ロンド	4 vs 2（2タッチ、ダイレクト）	4 vs 2＋1（ポスト）	カウンター（右から、左から）	計25分
4	シュート	2人1組でパス→シュート、リフティング→シュート	ワンツーパスからシュート		計10分
5	戦術	4-4-2の攻撃（ビルドアップからフィニッシュ）			10分
6	ゲーム	左右から速く攻撃してシュートする			10分
7		PK練習			10分

1　ウォーミングアップ（P22〜25参照）　　10分

2　BALL TEC　　計15分

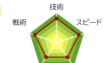

正確な技術を磨くことで
判断と攻撃のスピードがアップする

5 min　6人1組の十字パス（ダイレクト）
5〜6人1組で行う十字パスは、あらゆるパス練習の基本となる。ダイレクトな速いパス交換で、ボールを扱う技術を向上させる。

5 min　6人1組の十字パス（DF付き）
常にディフェンダーがついた状態で練習すると、より実戦に近い状況になる。狭いスペースでパスを通すことで、状況判断力が磨かれる。

パス練習は内容を工夫して繰り返し行う

5 min　ミドルパス＆ヘディング
ヘディングの基本を徹底する。ディフェンダーと競り合ってボディバランスを崩されても、常に額の中心の同じ位置にボールを当てることを体で覚えさせる。

コツ4：DFを意識しダイレクトパスで攻撃をスピードアップ

3　RONDO　　計25分

密集でのプレーの精度を上げ
スペースへ攻撃を展開する

10 min　4 vs 2（2タッチ、ダイレクト）
ボールタッチに制限を設けて、数的不利な攻撃側に、狭いスペースで正確にプレーすることを常に意識させる。

5 min　4 vs 2＋1（ポスト）
ポスト役が1人が加わることで、パス回しのバリエーションが増える。判断のスピードを速くして、ミスせずにボールを回す。

10 min カウンター（右から、左から）

密集からボールを奪い、フリーのスペースと味方を使ってシュートにつなげる。ヘッドダウンせず、顔を上げた状態で味方を見て、ボールと相手を間接視野に入れてパスを正確に通す。

○ = 攻撃　● = 守備

コツ5：狭いスペースでのプレーの精度を上げる

Break 5minutes

4　SHOT　計10分

シンプルにパス交換し
攻撃をシュートで終える

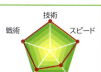

5 min 2人1組でパス→シュート、リフティング→シュート

ポイントはパスを出す側、受ける側の両方がシュートまでのイメージを共有して動くこと。一番GKが反応しにくいダイレクトシュートでゴールを狙う意識を持たせる。

5 min ワンツーパスからシュート

攻撃のスピードが早ければ早いほど、ディフェンダーは対応しにくくなる。ワンツーパスからのシュートで、シュートまでのスピードを意識させる。

コツ6：速いパス交換から確実にゴールを狙う

5　TACTICS　　　10分

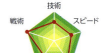

ビルドアップの練習は段階を踏んで行う

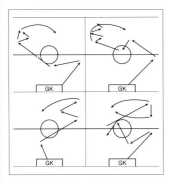

GKからのビルドアップのボール運びのパターンの一例。さまざまな方法のビルドアップを繰り返し練習する

10 min　4-4-2の攻撃（ビルドアップからフィニッシュ）

ビルドアップ練習は以下の手順で行う。

1　型通りにボールを運ぶ
　　GK → CB → SH → FW
　　GK → V → SH → FW
　　GK → SH → V → FW
2　FW2人にボールを追わせる
3　FW2人とMFにボールを追わせる
4　次第にディフェンスの人数を増やしていく

ビルドアップは実戦で臨機応変な対応ができなくてはならない。イメージトレーニングの感覚で実戦を想定して繰り返すことが重要だ。

コツ7：ゴール前まで一気にボールを運ぶ意識を持たせる

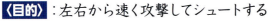
Break 5minutes

6　GAME　　　10分

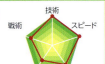

〈目的〉：左右から速く攻撃してシュートする

10 min　タッチ数とスペースを制限する

2タッチまで、10対10のハーフコートゲーム。スペースが限られた中でボールタッチを少なくして縦に速く攻撃することを意識させる。

7　PK（P26参照）　　　10分

HALF TIME 2

思いが強ければ行動が起きる。
行動することでさらに目標に近づける

　サッカーで試合に出場できるのはたった11人。誰もがそのメンバーに入って試合に出たいという気持ちをもって日々練習に励んでいるはずです。しかし実際には、必ず試合に出られる人間と出られない人間が出てしまう。その差は本当に紙一重ですが、私はそれが「試合に出たい」という思いの強さの違いではないかと考えています。

「自分ほど練習している人間はいない」「絶対に試合に出る」という思い、あるいはその時試合に出られなくても「次は絶対に這い上がる」という思い。そういった強い思いを持たずに、何となく毎日練習しているだけでは決して結果は出ません。きのうと同じ自分ではなく、きのうの自分は忘れて今日はきのうよりも良くなっている自分を目指す。そういう強い思いを持っていれば、必ずそれは行動に現れるものです。試合に出られなくて悔しい思いを「出たい」という強い思いに変えることで次の行動が生まれ、それがステップアップへとつながっていくのです。

　思いが強い人間は、練習が終わってピッチを離れてもずっとサッカーのことを考えているものです。それは選手だけでなく、指導者も同じです。どんな時でもサッカーのことを考え続けることでさらに思いが強くなり、その強い思いこそが行動を起こすのです。そして行動は明日からではなく、今日いまこの時から起こす。人間は自分から行動を起こさないと決して変わることはできないのです。

session 2 システムの基本を理解する

高校生年代は、体力的にも精神的にも一番成長できる時期であり、指導者にとっては最も鍛えがいのある時期でもある。「今鍛えなくていつ鍛える」というのは、私の指導のモットーのひとつ。この年代では、小学生中学生年代までに身につけた技術をベースに、さまざまな戦術を理解し、それをどのように実戦で表現したらいいのかを学ぶことでレベルアップさせる必要がある。

戦術練習は守備と攻撃とに分け、目的を絞って行うことが望ましい。また、身につくまでは何度も基本を繰り返すことも重要だ。たとえばヘディング練習の場合は、最終的には相手と競り合うことが目的であるが、練習時には基本的にディフェンスなしで繰り返し行う（コツ8 コツ9）。ヘディングの競り合いに強くなると、攻撃をビルドアップせずにゴールキーパーのロングボールから行うようなチームと対戦する場合などの球際の争いに勝つことができるので、ボールを奪って攻撃につなげ

るチャンスを広げることができる。また、守備は全員で連動して動くことも必要なので、ポジショニングの練習も取り入れるべきだろう（ コツ11 ）。

忘れてならないのは、毎日の練習には必ずシュート練習を入れ、技術を磨くことだ（ コツ10 ）。ミニゲームや攻撃練習は、必ずシュートで終わることを徹底したい。

コツ8	：実戦を意識したパス回しとヘディングの基本を身につける
コツ9	：攻撃の基本パターンを繰り返して理解させる
コツ10	：状況に応じたさまざまなシュートを身につける
コツ11	：全員の連動した動きで守備の意識を徹底させる

session2

1		ウォーミングアップ			10分
2	ボールテクニック	5人1組の十字パス	5人1組の十字パス（DF付き）	ヘディングの競り合い	計15分
3	ロンド	3 vs 3（または4 vs 4）8m×8m	3 vs 3（または4 vs 4）フルコート	3vs3　ロングボールを奪って攻撃	計15分
4	シュート	前方斜めからのパス→シュート	正面からのパス→シュート	走り込んでゴールの対角にシュート	計15分
5	戦術	4-4-2の守備（DFのポジショニング）			10分
6	ゲーム	少ないボールタッチでシンプルに攻撃する			10分
7		PK練習			10分

1　ウォーミングアップ (P22〜25参照)　　10分

2　BALL TEC　　計15分

ディフェンス付きのパス回しと
コンタクトプレーで実践感覚を養う

 5人1組の十字パス

session 1同様、十字形を作ってダイレクトでパスを回す。複数の人数でパスを回す練習はさまざまなバリエーションが可能なので、できるだけ多く取り入れるようにする。

 5人1組の十字パス（DF付き）

ディフェンダーがついてもフリーの場合と同じように正確にパスを回す。お互いに本気でボールを取りに行き、練習の段階から勝ち負けの感覚を身につけさせる。

ヘディングの競り合い

ヘディングの競り合いは体のぶつけ合いになることがほとんどなので、当たり負けしないボディバランスとパワーをつける練習を日頃から繰り返し行う。

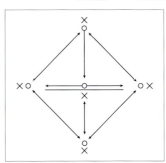

×同士、○同士で相手にボールを取られないようにパスを回す

相手に近い方の足に十分体重を乗せ、肩からしっかり押し合うことを意識させる

コツ8：実戦を意識したパス回しとヘディングの基本を身につける

READER'S VOICE
高校生年代では、基本的な技術はすでに身についている。次の段階として、それをどのように戦術の中で応用するかを考えながらトレーニングさせることで、実践感覚を磨くことができる。

Break 5minutes

3　RONDO　　　　計15分

プレーするスペースに制限を設けて
少人数でボールを奪い攻撃する

5 min 3vs3（または4vs4）
8m×8m

8m×8mの狭いスペースで確実にボールをつないで前に運ぶ。ディフェンダーをつけることで1対1の対人プレーを強化し、パスを出すタイミングや駆け引きを覚えさせる。

5 min 3vs3（または4vs4）
フルコート

同様の練習をGKからのボールによるビルドアップで行う。最終的にシュートで攻撃を終わることを意識し、GKとの連携とポジショニングを強化する。

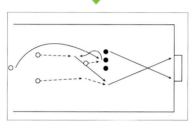

5 min 3vs3
ロングボールを奪って攻撃

ゴール前に3人のディフェンダーをつけて、ロングボールから3人で攻撃する。ディフェンダーを引き出す動き、スペースに走り込む動き…など、3人が連動して攻撃することを意識させる。

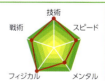

○＝攻撃　●＝守備

コツ9：攻撃の基本パターンを繰り返して理解させる

Break 5minutes

4　SHOT　　　　計15分

さまざまなシュートパターンを練習し
確実にゴールを狙う

5 min 前方斜めからのパス→シュート

前方斜めからのパスを受けてカーブシュートする。左右どちらからでも確実にゴールの隅を狙うことを意識させる。

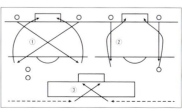

5 min 正面からのパス→シュート

同様に、正面からのパスを受けてカーブシュートする。左右どちらからでも確実にゴールの隅を狙うことを意識させる。

5 min 走り込んでゴールの対角にシュート

横から走り込んでボールを持ち込みゴールの対角にシュートする。強く速いシュートを正確に打つことを意識させる。

コツ10：状況に応じたさまざまなシュートを身につける

5　TACTICS　10分

状況に応じたポジショニングで相手の攻撃を防ぐ

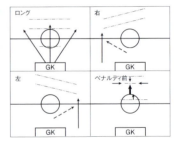

10 min 4-4-2の守備（DFのポジショニング）

右のように4-4-2のスリーラインを保ち、矢印の場所にボールが出た場合の動きを全員で確認する。全員が同じタイミングで動くことでゴール前のスペースを消し、相手の攻撃を封じることができることを理解させる。

コツ11：全員の連動した動きで守備の意識を徹底させる

Break 5minutes

6　GAME　10分

〈目的〉：少ないボールタッチでシンプルに攻撃する

10 min タッチ数に応じたパス回しを練習する

自陣では少ないタッチ数で確実にパスを回し、相手コートにボールを運ぶ。相手コート内では、状況に応じたプレーを選択しながらシュートにつなげる。

7　PK（P26参照）　10分

HALF TIME 3

親御さんとも良好な関係を築くことがチームの和や結束を深める

私はサッカー部に入部する選手たちの親御さんに、毎年最初にお願いしていることがあります。それはノルウェーサッカー協会が作成した「7つの心得と親の十訓」を参考にした以下のような内容です。

1 できるだけグラウンドに足を運び、自分の子どもだけでなく他の子どもも応援してください。
2 試合の結果や、内容の出来不出来を指摘しないでください。
3 金品を過剰に与えすぎないでください。
4 子どもに家庭での一役を与えてください。
5 他のご父兄とサッカーを通じて交流し、楽しんでください。
6 子どもの前でスタッフの批判はしないでください。
7 食事は練習と同じです。十分な糧を取るように心がけさせてください。
8 親兄弟へのあいさつはもちろん、近隣へのあいさつも心がけさせてください。
9 試合では勝つこともあれば負けることもありますが、必要以上に慰めの言葉をかけないでくださささい。
10 自分の身の回りのことは自分でやらせてください。

基本的には「3年間一緒に楽しみましょう」というお願いです。親御さん同士が応援を通じて話がはずんだり、我が子と他の子どもとの違いについて考えたりするのも子育てのひとつだと私は考えます。選手同士だけでなく、親御さん同士も良好なコミュニケーションをはかることで、チームの和や結束がさらに深まっていくのです。

session 3 ポゼッションとセットプレーの基本を理解する

ボールポゼッション、プレス、セットプレーは、年間を通じて繰り返しトレーニングする必要がある。同じことをただ繰り返す「練習のための練習」になってマンネリ化させないためには、日頃の練習の段階からお互いに本気でボールを取るつもりでやらせることが重要だ。そうでないとお互いにレベルアップすることができないことをしっかり理解させる必要があるだろう（コツ12 コツ13）。シュート練習も毎日行い、正確にゴールを狙う意識を持たせることが大切だ（コツ14）。

指導者の役割は、毎日のトレーニングから常に試合を想定した状況を作り、どんなプレーも実戦をイメージして練習させることである。勝者のメンタリティは一朝一夕に身につくものではなく、試合前に急にメンタリティを要求しても意味がない。日頃から勝ちにこだわることを意識させることで初めて、試合の場でも強い精神力を発揮することができるのだ。

セットプレーを習得するにも時間がか

かる。いくつかのパターンを練習し、試合展開や相手に応じて使い分けられるようになるのが理想だ。セットプレーでポイントとなるのは、正確なボールを蹴ることができるキッカー、キッカーからのボールを合わせるシューター、こぼれ球に反応する選手の動きである。特にキッカーは人一倍のキック練習が必要になるので、毎日根気よく練習させることが大切だ（コツ15）。

コツ12：タッチ数を制限してミスしない技術を身につける
コツ13：ポゼッションの基本を理解する
コツ14：正確なカーブシュートでゴールチャンスを広げる
コツ15：セットプレーに変化をつけてゴール前のチャンスを広げる

session3

1	ウォーミングアップ				10分
2	ボールテクニック	3タッチパス（胸トラップ）	2タッチパス（ヘディング）	ダイレクトパス	計15分
3	ロンド	7(6+1) vs3	4vs4+4（ポゼッション）		計20分
4	シュート	縦パス受けてカーブシュート	ドリブルからカーブシュート		計20分
5	戦術	セットプレー（フリーキック）	セットプレー（ショートコーナー）	セットプレー（コーナーキック）	計20分
6	ゲーム	パスミスせずにシュートで攻撃を終える			10分
7	PK練習				10分

1　ウォーミングアップ（P22〜25参照）　　10分

2　BALL TEC　　計15分

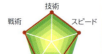

少ないタッチ数で
正確なボール扱いの技術を磨く

5min　3タッチパス（胸トラップ）

浮き球を胸トラップして落とし、3タッチ以内で相手にパスする。胸トラップ→パスの正確な技術があると、密集でもボールを奪われにくい。

5min　2タッチパス（ヘディング）

ヘディングを含む2タッチ以内で相手にパスする。タッチ数が少なくなるほど正確にボールコントロールすることを意識させる。

5min　ダイレクトパス

2人1組で向かい合い、インサイドキックでグラウンダーのパス回しをする。パスする時にボールがバウンドした方が負け。2人の距離を長くすればするほど、正確なボールコントロールが要求される。

インサイドで確実に蹴らないとボールがバウンドしてしまうので、常に正しい位置で蹴ることを意識させる

コツ12：タッチ数を制限してミスしない技術を身につける

READER'S VOICE　ボールテクニックの練習に終わりはない。さまざまなバリエーションで年間通して行い、どんな状況でもミスをしない正確な技術を身につけさせる。

Break 5minutes

3　RONDO　　計20分

数的優位を生かしたシンプルな攻撃と
1対1に競り勝つ攻撃を練習する

10 min　7（6+1）vs 3

6人＋ポスト役1人の7人の攻撃に3人のディフェンダーをつける数的優位の攻撃。ボールタッチは2タッチ以内で、ペナルティエリアの角または横からビルドアップする。数的優位を生かしてシンプルにボールを運ぶことを意識させ、ポスト役を使って攻撃をシュートで終わる。ポスト役は途中で交代する。

10 min　4vs 4＋4（ポゼッション）

相手陣内で1対1の競り合いからゴールを狙う。ディフェンダーと対面してもボールを保持して失わないことを意識させる。

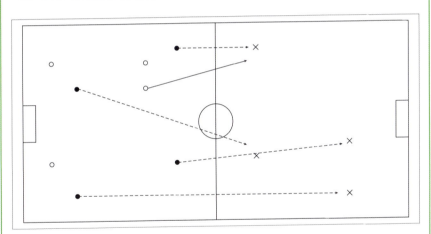

○● = 攻撃　× = 守備

コツ13：ポゼッションの基本を理解する

Break 5minutes

4　SHOT　　　　　　　　　　計20分

さまざまなパターンの
カーブシュートの技術を磨く

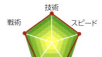

10 min　縦パス受けてカーブシュート

試合中にゴールの正面からフリーでシュートを打てるチャンスはほぼないと言っていい。ゴール斜め前からカーブをかけてシュートする正確な技術を磨くことで、数少ないシュートチャンスを有効に生かすことができる。

攻撃は常にシュートで終わるようにする

10 min　ドリブルからカーブシュート

ドリブルでゴール前に持ち込んでシュートする場合は、トップスピードから正確にゴールを狙うことが必要になる。相手ディフェンダーの位置をよく見て、あわてずにシュートすることを意識させる。

コツ14：正確なカーブシュートでゴールチャンスを広げる

Break 5minutes

適度なタイミングで給水することで疲労を防ぎ、練習にメリハリをつけることも重要だ

5 TACTICS 計20分

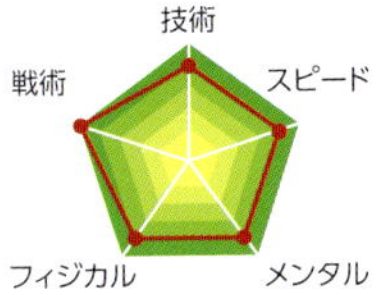

セットプレーの連動した動きを確認する

5 min セットプレー（フリーキック）

ゴール前のフリーキックは最大のチャンスのひとつであり、ゴール前の壁をいかに突破するかがカギとなる。キッカーが蹴るボールの軌道に対して他の選手がどのように動いたらいいかを確認して、連動した動きのさまざまなパターンを身につけさせる。

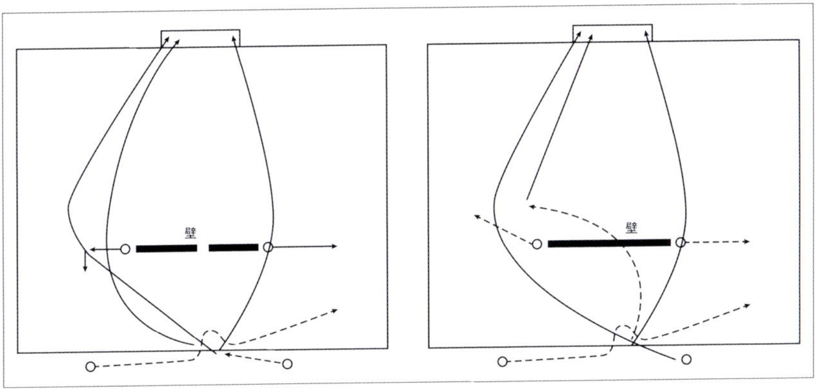

フリーキックのパターン例

5 min セットプレー（ショートコーナー）

ショートコーナーは相手の意表をつく有効な戦術。ショートコーナーからの攻撃パターンを増やすことでシュートチャンスを広げることができる。

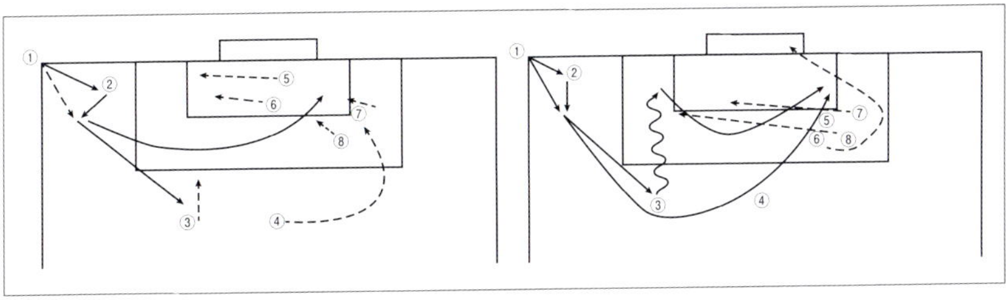

コーナーキックのパターン例①

10min セットプレー（コーナーキック）

コーナーキックでは、ゴール前に上がる人数を変えることでさまざまな攻撃のバリエーションを作ることができる。特にヘディングの競り合いの場合は、高さのある強い選手に正確に合わせることをキッカーに意識させる。

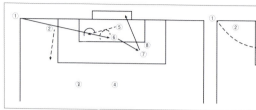
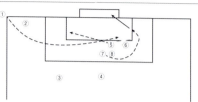

コーナーキックのパターン例②

コツ15：セットプレーに変化をつけてゴール前のチャンスを広げる

READER'S VOICE　セットプレーのキッカーができるということは、その選手のストロングポイントとなる。指導者がそれを的確に見極め、キックの能力を伸ばすように指導することが重要だ。

Break 5minutes

6　GAME　　　10分

〈目的〉：パスミスせずにシュートで攻撃を終える

10min パスをつなぎシュートで攻撃を終える

ボールポゼッションが上がることは、それだけチャンスが広がることにもつながる。正確なパス回しでボールをゴール前まで運び、必ずシュートで攻撃を終えることを徹底する。

7　PK（P26 参照）　　　10分

HALF TIME 4

あいさつ、掃除など基本的な生活習慣を身につける

　最近の高校生は、家庭でかわいがられて育つせいか、とても素直で良い子が増えています。しかしその反面、自分の意見を人前ではっきり話したり、大人に対しても自己主張をするタイプは非常に少なくなっています。また、両親ともに仕事をしていて忙しい家庭が増え、家庭内での基本的なしつけの時間が短くなっている分、モノを与えて子どもの欲求を満たしてしまう傾向が強くなっているようにも感じられます。

　流経大付属柏高校サッカー部には寮があり、最近は入寮希望者が非常に増えています。私が寮生活で一番重視しているのは、自分の身の回りのことは自分でできる自立心を養うこと。「あいさつをする」「脱いだ靴を揃える」「遅刻をしない」など、基本的な生活習慣も徹底して指導しています。あいさつも最初のうちは小さい声で口の中でもじもじと言っているだけですが、何度も繰り返すことでしだいに率先してできるようにあり、3年間の寮生活を通じて、しだいに自立した生活習慣が身についてくるようになるのです。

session 4 ボールポゼッションと プレスの意識を高める

　現代サッカーは、攻守の切り替えのスピードがますます速くなりつつある。相手のボールをすばやく奪って攻撃に転じるためには、ひとりひとりの基本的な守備力が高いことが不可欠になる。日頃からヘディング、ボディコンタクトなどの練習を繰り返し取り入れて、常に守備のレベルアップをはかる必要があるだろう。シュート練習では、GKが一番反応しにくいダイレクトシュートの技術を磨く必要がある（コツ18）。

　ボールを奪うためには、プレスをかける、相手に体を寄せる…などのさまざまな方法があるが、もっとも重要なことは「絶対にボールを奪う」という強い意識を持つことである（コツ16　コツ17）。この「相手に勝ちたい、ボールを奪いたい」という気持ちは、練習の時から常に持ち続けることが大切であり、その意識がなければ決して守備力は向上しないことを指導者は常に認識しておくべきだろう。

守備の意識はディフェンダーだけでなく全員に必要であり、試合の中では全員が連動して動くことで初めて効果的なプレスをかけることができる（コツ19）。誰がボールに行き、誰がスペースを埋めるのかを戦術として理解させ、実際の試合を想定して繰り返し練習する必要があるだろう。また、ボールを奪ったらどのように攻撃するのかも含めて、さまざまな状況を想定したうえで練習メニューを工夫するようにしたい。

コツ16：動きながらパスを受けて正確な技術を身につける
コツ17：スペースや味方の人数に応じた攻撃パターンを使い分ける
コツ18：正確なダイレクトシュートの技術を磨く
コツ19：前線からの守備を徹底し全員が連携してボールを奪う

session4

1		ウォーミングアップ			10分
2	ボールテクニック	2人1組のパス（パスを出したら5m 移動する）	タッチ＆ゴーのヘディング		計15分
3	ロンド	3 vs 3+3 (10m × 10m)	4 vs 4+8 (8m × 8m)	6 vs 6 (32m × 26m)	計20分
4	シュート	カーブシュート	ダイレクトシュート		計10分
5	戦術		10 vs 10 のディフェンスの戦術		15分
6	ゲーム		さまざまな状況に応じた守備の意識を高める		10分
7		PK 練習			10分

1　ウォーミングアップ（P22～25 参照）　　10 分

2　BALL TEC　　　　　　　　　　　計 15 分

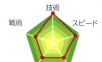

タッチ&ゴーで
長短のパスの技術を身につける

7 min　2人1組のパス（パスを出したら5m 移動する）

2人1組で向かい合って立ち、それぞれに5m 間隔でコーンを2個置く。パスしたら5m 下がってパスを受け、同様に5m 下がった位置にいる相手にパスして元の位置に戻る。距離が長くなっても相手の足元に正確に蹴ることを意識させ、足元の技術のレベルアップをはかる。

前のコーンの位置からパスを出す

後ろのコーンの位置で相手からのパスを受け、同様に下がった相手にパスを出して最初のコーンの位置に戻る。これを繰り返す

8 min　タッチ&ゴーのヘディング

バックしながら走り、ヘディングしてボールを返す。ボールの落下点を見極めてすばやく走り込み、動きながら正確に相手にヘディングでボールを返す技術を身につける。

2人1組でひとりがボールを持って立つ。もうひとりがボールにタッチしてから前に走る

前に投げられたボールの落下点に入り、ヘディングでボールを返す。これを繰り返す

コツ16：動きながらパスを受けて正確な技術を身につける

3　RONDO　　　計20分

さまざまな状況を想定したボール回しを行う

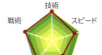

5 min　3 vs 3+3 (10m × 10m)

10m×10mのスペース内で、3人のディフェンスに対して3+3の6人がボールを回す。ボールを失ったら攻守を交代する。攻から守、守から攻と役割が入れ替わることで、さまざまな状況に対応できる判断力が養われる。

5 min　4 vs 4+4 (8m × 8m)

同じ練習をスペースと人数を変化させることでバリエーションをつける。人数が増えてもスペースが狭くなるとボールを失いやすくなるので、より正確な技術が求められる。

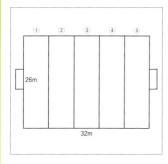

10 min　6 vs 6 (32m × 26m)

左図のように32m×26mのスペースを5つのエリアに分け、同じエリア内でパス交換しないというルールを設けて6対6でボールを回す。長い距離でパスを回す場合、味方のポジションやディフェンスの位置を常に確認する必要があるので、視野の広さを身につけることができる。

コツ17：スペースや味方の人数に応じた攻撃パターンを使い分ける

Break 5minutes

READER'S VOICE　実際の試合では、相手のプレッシャーを受けながら動きの中でパスを出すことが要求される。日頃から動きに変化をつけたパス練習をすることで、より実戦に近い状況でのレベルアップが期待できる。

4　SHOT　　　計10分

ゴール前のスピードを意識してシュートする

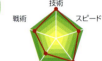

5 min　カーブシュート

シュートは練習すればするほど精度が高くなる。ゴールまでの距離やパスの有無などのバリエーションを加えて、シュートまでのアイディアや技術の引き出しを増やす。

5 min　ダイレクトシュート

GKが一番取りにくいシュートはダイレクトシュート。ゴール前に横から走り込むか、正面からのパスを受けてゴールの対角に正確にシュートするための技術を磨く。

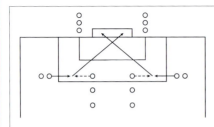
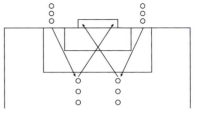

正確なダイレクトシュートのパターン例

コツ18：正確なダイレクトシュートの技術を磨く

READER'S VOICE　シュートの技術は、日本人選手に最も欠けているテクニックのひとつ。繰り返し練習することで常にレベルアップをはかる必要がある。

Break 5minutes

5　TACTICS　　　　　　　　　　　　　15分

全員が連動して
前線からプレスをかける

5 min　10vs10の ディフェンスの戦術

スリーラインの守備陣形を作り、縦パスが入ったらプレスをかけてボールを奪う。ボランチまたはセンターバックが指示を出し、縦パスが入ったらフォワード1人をハーフラインから5m後ろに下げる。下がったフォワードはプレスをかけてボールを奪い、もう1人は中盤の空いたスペースをマークするか、背後からさらにプレスをかける。

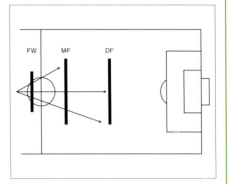

→ ＝縦パス

コツ19：前線からの守備を徹底し全員が連携してボールを奪う

6　GAME　　　　　　　　　　　　　10分

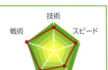

〈目的〉：さまざまな状況に応じた守備の意識を高める

10 min　試合の流れを読んで守備をする

攻撃に参加する人数やスペースの広さによって守備の方法は異なる。局面が刻々と変わる試合のなかで最もふさわしい守備をして、ボールを奪ったらすばやく攻撃してシュートで終わるようにする。

7　PK（P26参照）　　　　　　　　　　10分

COLUMN 1　フィジカルトレーニング　1

走り込みで体力を強化し持久力をアップする

　強いチームを作るためには、通常の練習メニューとは別に、体力強化に特化した練習を年間の練習計画の中に適宜取り入れることが必要になる。最もふさわしいのは試合がしばらくないインターバルの時期で、この時期にしっかり走り込んで体づくりをすると持久力がつき、基礎体力の底上げをはかることができる。

　フィジカルトレーニングを行う前には、まず実情を把握する必要がある。クーパー走などが一般的な練習方法だが、難しい選手には無理をさせずに途中離脱を認めることも必要だ。

| 1 | 9分間走 | 10分 |
| 2 | ストレッチ | 5分 |

Break 5minutes

| 3 | サーキット | 計35分 |

15 min　**25m のシャトルラン**

　下の図のように5分500mのシャトルランを1セットとして3セット行う。1往復から4往復まで、一定のスピードで徐々にペースを上げることを意識させる。

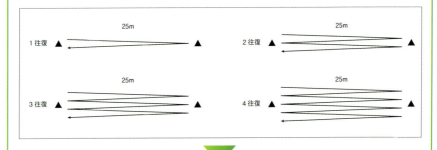

第2章

中級編
戦術を理解し柔軟な対応力をつける

高校生年代で最も大切なことは、戦術を理解し、それぞれの戦術に応じた技術や判断力を磨くことだ。さまざまな戦術を覚えることで、柔軟な戦い方が可能になり、プレーの幅を広げることができる。

session 5 攻撃のスピードを上げる

「攻撃のスピードを上げる」というと、どんな状況でもボールを奪ったらすぐに攻撃に転じることと捉えられがちだが、決してそうではない。どんな試合でも90分を通じた試合の流れがあり、状況に応じて戦術は臨機応変に組み立てる必要があるからだ（コツ21　コツ22）。やみくもに攻め急ぐのではなく、ひとりひとりがスペースの有無や相手の位置などさまざまな状況を判断し、速攻と遅攻の切り替えをしながら試合の主導権を握って、ゴールを狙うことが最終的な目標だ（コツ23）。

どの場合でも、プレスをかけてコンタクトにボールを奪うという基本は変わらない。速い攻撃は、コーナーキックやGKからのビルドアップからていねいにボールをつなぎ、スローダウンしてからスピードアップすると非常に効果的だ。また、ボールを奪われた瞬間

が一番ボールを取り返しやすく、攻守を切り替えやすいということを理解させておく必要もあるだろう。

サッカーとは、たったひとつのボールを使ってゴールを奪い合うスポーツであり、「何が何でもボールを奪う」というメンタリティの強さが勝敗を分けるスポーツでもある（コツ20）。指導者は毎日の練習の段階から「取られたら奪い返す」という意識を徹底することで、勝者のメンタリティを育てていくことが大切なのだ。

コツ20：難しい体勢でも正確な技術でボールを扱う
コツ21：多彩なパス練習を通じて実戦感覚を磨く
コツ22：シュートのバリエーションを増やし攻撃に変化をつける
コツ23：ボール回しに制限をつけることで柔軟な対応力を養う

session5

1	ウォーミングアップ				10分
2	ボールテクニック	2人1組 （落として頭越える）	2人1組（放物線で走りパスを受ける）	ミドルパス＆ヘディング	計15分
3	ロンド	4 vs 2	4 vs 2 の移動	4 vs 4+4	計20分
4	シュート	ドリブルシュート	ワンツーパスからシュート		計10分
5	戦術	6 vs 6			20分
6	ゲーム	リスタートからの攻撃を組み立てる			10分
7	PK 練習				10分

1　ウォーミングアップ（P22〜25参照）　　10分

2　BALL TEC　　計15分

走りながら受けるパスを練習し
ヘディングのボディバランスを鍛える

5min　2人1組（落として頭越える）
下のように、パスを受けたらトラップして落とし、対面する相手の頭上を越えるロングパスを出す。下がってロングパスを受けてドリブルする。

5min　2人1組（放物線で走りパスを受ける）
ボールに対して放物線を描くように走りながらパスを受ける。外から回り込むことでマークをはずし、スペースに走り込むことをイメージさせる。

5min　ミドルパス & ヘディング
片足で軽くジャンプしながら立ち、ボールをヘディングで返す。ボディバランスを取りながら相手に正確なパスを送ることで、ヘディングの技術をレベルアップさせる。

2人1組でひとりがボールを持って立つ。もうひとりは片足で軽くジャンプしながら立つ

前に投げたボールを片足ジャンプのままヘディングで返す。これを繰り返す

コツ20：難しい体勢でも正確な技術でボールを扱う

READER'S VOICE

ミドルパスからのヘディングは、味方に確実に通すことができればショートパスを2本つなぐよりも速く確実な攻撃となる。パス練習だけでなく、日頃の練習からヘディングの技術を磨くことが大切だ。

3　RONDO　　　　　　　　　計20分

4人1組を基準に
バリエーションをつけたパス練習をする

10 min　4vs2
2人のディフェンスに対して4人がボールを回す。タッチ数やスペースに制限を設けることでバリエーションをつけ、さまざまな状況に適応できる技術を磨く。

5 min　4vs2の移動
2人で攻撃し、ミスしたら別の4人の場所に移動してボールを奪う。少ない人数で正確にパスを回すことを意識させる。（P79図参照）

5 min　4vs 4+4
4人単位の練習は、ボールにタッチする数が多いので運動量が増え、効果が高い。速いパス回しを意識させると、短時間でも密度の濃い練習になる。

コツ21：多彩なパス練習を通じて実戦感覚を磨く

Break 5minutes

4　SHOT　　　　　　　　　計10分

実戦を想定したシュート練習で技術を磨く

5 min　ドリブルシュート
ディフェンダーがついた状態で実戦を想定して行う。1対1の競り合いから相手を抜いてシュートすることを徹底する。

5 min　ワンツーパスからシュート
ゴール前でのダイレクトなパス交換からシュートする。走り込むタイミングやパスの呼吸を合わせることで、フィニッシュの精度を上げることを意識させる。

コツ22：シュートのバリエーションを増やし攻撃に変化をつける

5　TACTICS　　　20分

ピッチを広く使ってボールを動かす

6×3 min　**6vs6**

ピッチを5つのゾーンに分け、同じゾーン内ではパスできないというルールで行う。3チームが6分単位で交代し、攻守を切り替えることで変化をつける。

6vs6　3チーム回し	6vs6

コツ23：ボール回しに制限をつけることで柔軟な対応力を養う

READER'S VOICE
実際の試合では、相手のプレッシャーを受けながら動きの中でパスを出すことが要求される。日頃から動きに変化をつけたパス練習をすることで、より実戦に近い状況でのレベルアップが期待できる。

6　GAME　　　10分

〈目的〉：リスタートからの攻撃を組み立てる

10 min　**リスタートから攻撃のチャンスを作る**

ボールを速く回してシュートで終わることを意識させる。ドリブルシュートやワンツーシュートなど、フィニッシュに変化をつけて攻撃のパターンを増やすようにする。

7　PK（P26 参照）　　　10分

HALF TIME 6

「勝負に勝つ」ことを目的に 具体的な目標を持ってステップアップ

　強い選手を育てるためには、メンタル、フィジカル、技術などさまざまな要素が必要です。スポーツは勝負であり、勝負に勝つことが目的であるからには、日頃のトレーニングでも常に味方に勝つことを考えることが必要であり、勝つことでしか進化はないと私は考えています。

　もちろんどんな試合でも、必ず勝てるという保証はありません。しかし負けた場合でも絶対にそのままにせず、「次はどうしたら勝てるか」を常に考える必要があります。指導者の役割とは勝ち続けることであり、「勝とう」とする情熱を常に持ち続けることです。負けた時の責任はすべて指導者にあり、決して選手のせいにしないことは言うまでもありません。

　監督の役割とは、勝たせて自信をつけさせて育てることであり、それはとりも直さず最終的には社会で活躍できる人間を育てることでもあります。年代別にそれぞれ成長のしかたは異なりますが、スポーツに勝ち負けが伴うのはどの世代でも同じです。高校生年代では「なぜ勝ったのか」「なぜ負けたのか」の理由を考えさせることで、ステップアップするための新たな目標を持たせることができます。

　大切なのは、いきなり高い目標を掲げるのではなく、具体的で達成しやすいものを徐々にクリアしていくことです。地区大会で勝つ→県大会で勝つ→県大会ベスト8…とひとつずつ目標を達成しながら、より高いステージを目指してレベルアップしていくことが必要なのです。

session 6 スペースを広く使ってクロスボールを入れる

　実際の試合では、ゴール前にスペースがある状態でフリーでシュートを打てるチャンスは90分間でほとんどないと言っていいだろう。ゴールを決めるためには、ペナルティエリア内の狭いスペースでボールを失わない足元の技術を磨く練習も必要だが、両サイドのスペースを有効に使って攻撃することも重要な戦術のひとつだ。また、ゴールから遠い位置からでも正確にゴールを狙えるシュートの技術を磨くことも大切だ（**コツ26**）。

　オープン攻撃では、まず相手をはさむイメージでプレスをかけ、ボールを奪ったら中にパスするのではなく、外のスペースに味方を走らせてパスを送る。パスを受けた後、外からすばやいクロスボールを入れるためには、正確にボールをコントロールして蹴るための練習が必要になる。ボールに対しての体の入れ方や立ち足の位置など

を確認しながら、トップスピードに乗った状態で正確に蹴ることを目標に繰り返し練習させる（コツ24）。

ピッチを広く使って攻撃すると、結果的に相手ディフェンス間の距離が広がり、ゴール前にスペースが生まれやすくなる（コツ28）。クロスボールに対して誰が何人走り込むのか、さまざまなパターンで練習することで、シュートチャンスを広げることができるのだ（コツ25 コツ27）。

コツ24	：基本的な技術練習は自主的に取り組む習慣をつけさせる
コツ25	：練習メニューを工夫し目的と意図を理解させる
コツ26	：狙ったところに確実にシュートできるよう精度を上げる
コツ27	：味方の位置を確認し速いパスを正確に出す
コツ28	：相手ディフェンダーに対してどう動くかを理解させる

session6

1	ウォーミングアップ			10分
2	ボールテクニック	5人1組（3タッチ、2タッチ、ダイレクトパス）	胸トラップ	ミドルパス＆ヘディング	計15分
3	ロンド	4vs 2	4vs 4+4-1	4vs 4+4-2	計15分
4	シュート	カーブシュート（3か所）	ミドルシュート（2か所）		計10分
5	戦術	外から攻撃してすばやくアシストパス	リスタートからのアシストパス		計20分
6	ゲーム	相手をはさむイメージでプレスをかける			10分
7	PK練習			10分

1 ウォーミングアップ (P22〜25 参照)　10分

2 BALL TEC　計15分

パス、トラップ、ヘディングの
基本的な技術を確認する

5min　5人1組（3タッチ、2タッチ、ダイレクトパス）

タッチ数に制限を設けたパス回し。タッチ数が少なくなるほど正確な技術が必要になる。ダイレクトパスのみでミスなくパスを回すことができることが理想だ。

5min　胸トラップ

浮き球を胸トラップして確実に足元に落とす。立った姿勢からの胸トラップだけでなく、実戦での空中戦も想定して、ジャンプしての胸トラップも練習する。

ジャンプしての胸トラップは相手との競り合いになることも多いので、ボディバランスをくずさないように注意する

5min　ミドルパス＆ヘディング

ヘディング練習は、毎日のように繰り返し行うことが重要だ。2人1組であまりスペースを使わずにできるので、自主練習として積極的に取り組む習慣をつけさせる。

ボールを投げてもらう距離に変化をつけることで、さまざまなパターンのヘディングの技術を磨くことができる

コツ24：基本的な技術練習は自主的に取り組む習慣をつけさせる

READER'S VOICE　自分から課題を見つけて練習に取り組むことができる選手は上達する。きのうより今日、今日より明日を目指して繰り返し練習することを意識させる。

Break 5minutes

3　RONDO　　　　　　　　計15分

4人1組を基準に
バリエーションをつけたパス練習をする

5 min　4 vs 2
　4 vs 2は、設定する目的や課題を変えてバリエーションをつける。その日の練習メニューは前日または数日前までの練習内容をふまえた上で、最も効果が上がる内容を選ぶようにする。

5 min　4 vs 4+4-1
　運動量が高い4 vs 4+4は応用範囲が広い練習のひとつ。それぞれの練習の目的を明確に伝えてから行うことで、選手の理解力を深めることができる。

5 min　4 vs 4+4-2
　「練習のための練習」にしないためには、常に本気でボールを取りに行く姿勢を練習時から徹底すること。勝ちにこだわる姿勢を日頃から磨くことで、実戦感覚を養うことができる。

動きのポイントなどは、図で示した方が練習の意図や目的が伝わりやすい

コツ25：練習メニューを工夫し目的と意図を理解させる

Break 5minutes

4　SHOT　　　　　　　　計10分

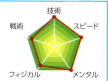

シュートの精度と
コントロールを高める

5 min　カーブシュート（3か所）
　ゴール前のどの位置からでも正確にゴールを狙う。パスに対して走り込んだら、そのスピードをなるべくキープしたままでシュートすることを意識させる。

5 min　ミドルシュート（2か所）
　中距離からのグラウンダーシュート。ゴールポスト両脇にコーンを置き、そこに打つようなイメージでゴールの隅を狙う。

コツ26：狙ったところに確実にシュートできるよう精度を上げる

5 TACTICS 計20分

外からの長いアシストパスの技術を磨く

10min 外から攻撃してすばやくアシストパス

オープンスペースからゴール前に速く正確なパスを送る。サイドからのスピードに乗ったロングパスは正確なボールコントロールの技術が必要なので、ゴール前の味方に対して確実に合わせることを意識させる。

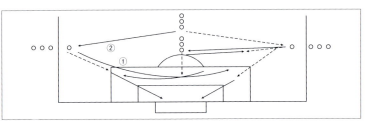

外からの攻撃パターン例

コツ27：味方の位置を確認し速いパスを正確に出す

10min リスタートからのアシストパス

セットプレーの場合は、ディフェンダーから逃げる動きで外から回り込んで来る味方とのタイミングを合わせることが必要になる。何度も繰り返し練習することで、基本の動きを理解させる。

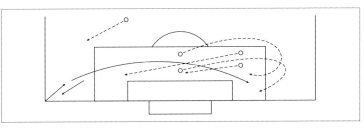

リスタートからの攻撃パターン例

コツ28：相手ディフェンダーに対してどう動くかを理解させる

Break 5minutes

6　GAME　10分

〈目的〉：相手をはさむイメージでプレスをかける

10 min　プレスと守備の意識を高める

守備の基本となるプレスを意識したゲーム。相手を前後ではさむようにプレスをかけ、ボールを奪ったら速く攻撃してシュートで終わるようにする。

7　PK（P26 参照）　10分

HALF TIME 7

「やらせる」「見ている」「チェックする」が指導の三大ポイント

　一番よくない指導であり、指導者がやってはいけないことは、「サッカーノートを書いておけ」「シュート練習をしておけ」という「○○しておけ」という選手まかせの指導です。指導者はどんなことでも「やらせる」「見ている」「チェックする」ことを徹底して続けていくことが必要なのです。

　毎日の練習もメニュー通りにただやらせておくのではなく、必ず見ているようにすることです。そして問題点はその都度指摘し修正することで、きのうより今日、今日より明日とレベルアップをはかることができるのです。

session 7 カウンター攻撃でシンプルにゴールを狙う

チームがレベルアップするためには数多く試合の経験を積むことが必要なのは言うまでもない。残念ながら負けた場合、「負けたけど内容はよかった」という慰めは必要だろう。しかしその後に「だけど負けた」を付け加えることが大切だ。どんな状況下でも戦う以上は勝つために全力を尽くすのが基本であり、負けは負けでしかない。勝つために相手チームを研究・分析して、どのように戦ったらよいのかを考えるのが指導者の最大の役割なのだ。

カウンター攻撃は、守備を固めて、ボールを奪ったらシンプルにゴールを目指す戦術である。相手の方が技術的に優れていて格上の場合は、まず失点しないことが基本になるので、カウンターは有効な戦術のひとつだろう。ゴール前の競り合いに勝つためには空中戦でのヘディングの技術を磨く必要があり（コツ29）、ボールを奪ったらすぐに攻撃に転じる必要がある（コツ30）。

カウンター攻撃には、ドリブルで仕掛ける、スペースに走り込んだ味方にボールを速くつなぐなどさまざまな方法がある。単純に攻め急ぐのではなく、ボールを持った瞬間に最も有効な方法を判断する力も養う必要があるだろう（コツ32）。練習では必ずシュートで終わることを意識させて、攻撃のバリエーションを広げるためにどうしたらいいか考えさせるようにしたい。

- コツ29：ヘディングの駆け引きと胸トラップの基本を確認する
- コツ30：実戦を想定し状況に応じた攻守のポイントを理解する
- コツ31：どんな状況からでもゴールを狙える判断力と技術を磨く
- コツ32：全員でカウンターのイメージを共有する

session7

1	ウォーミングアップ				10分
2	ボールテクニック	頭上を越えたボールの処理（ヘディング）	5人1組の十字パス		計10分
3	ロンド	5 vs 5 (25m×35m)	3 vs 3 (20m×50m)	3 vs 3　ニュートラル 3 vs 3	計15分
4	シュート	頭上を越えたパスからシュート	オープンシュート		計10分
5	戦術	カウンター（左右から、中央から）	5 vs 5（センターフォワードをポストに使う）		計10分
6	ゲーム		プレースピードを上げて速く攻撃する		10分
7	PK 練習				10分

1　ウォーミングアップ（P22〜25参照）　　10分

2　BALL TEC　　計10分

浮き球を正確に処理して
パスにつなげる

5 min　頭上を越えたボールの処理（ヘディング）

頭上を越えたボールをヘディングで競り合う。相手に体を寄せる、ジャンプのタイミングをずらす…など、体のぶつけ合いや競り合いに負けないためにはどうしたらいいかを考えさせる。

ヘディングの駆け引きに勝つには、高さ以外にもさまざまな要素が必要なことを理解させる

5 min　5人1組の十字パス

タッチ数の制限や、胸トラップ＋パスの組み合わせなどで浮き球の処理にも慣れる。胸トラップでは、ボールの勢いを確実に止めることを意識させる。

相手からフリーになるためにはどのようにボールを受けたら良いのかを常に考えさせるようにする

コツ29：ヘディングの駆け引きと胸トラップの基本を確認する

READER'S VOICE　身長が高いからといってヘディングに勝てるわけではない。相手との間合いやタイミングなど、競り合いに勝つための方法を自分で考え、実践させるようにする。

3 RONDO 計15分

状況に応じた
攻守のポイントを理解させる

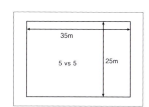

 5 vs 5 (25m × 35m)

スペースに制限を設けた5対5。攻撃側は正確なパス回しを、守備側はプレスをかけてボールを奪うことを意識させる。

 3 vs 3 (20m × 50m)

広いスペースを使って少ない人数でボールを回す。カウンター攻撃を想定して、正確なミドルパスやロングパスを通すことを意識させる。

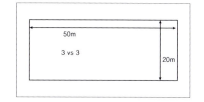

 3 vs 3 ニュートラル 3 vs 3

ピッチを左から右に移動しながら攻守を切り替える。スペースに応じて攻守を切り替えることで判断力のスピードをがアップする。

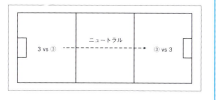

コツ30：実戦を想定し状況に応じた攻守のポイントを理解する

Break 5minutes

4　SHOT　計10分

シュートをコントロールし
精度を高める

5 min　頭上を越えたパスからシュート

頭上を越えたパスからのシュートは、一度トラップするかボレーでシュートするかの速い判断が必要になる。どちらの場合も正確にボールをコントロールしてからシュートすることを意識させる。

GKの位置を瞬時に確認することが必要になる

5 min　オープンシュート

オープンスペースからのミドルシュートは、GKの位置をよく見て正確に狙うことを徹底する。ディフェンダーをつけてより実戦的に練習すると効果が高い。

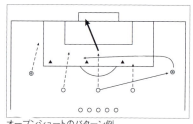
オープンシュートのパターン例

コツ31：どんな状況からでもゴールを狙える判断力と技術を磨く

5　TACTICS　計10分

さまざまなカウンター攻撃の
戦術を理解する

5 min　カウンター（左右から、中央から）

サイドを使ったカウンター攻撃は現代サッカーに欠かせない戦術のひとつ。サイドの選手にパスを出すと同時に複数の選手がゴール前に走り込んでチャンスを作る。カウンターは全員が同じイメージで動き出すことが重要なので、何度も練習してゴールまでのイメージを共有できるようにする。

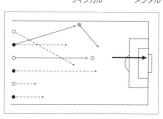
カウンター攻撃のパターン例

5 min 5vs5
（センターフォワードをポストに使う）

ロングボールをセンターフォワードに送り、センターフォワードがさばいたボールからゴールを狙う。攻撃と守備の人数が同数なので、ひとりひとりが相手のマークをはずす動きを意識して攻撃する。

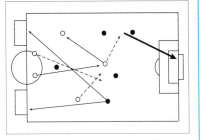

センターフォワードを使う攻撃のパターン例

コツ32：全員でカウンター攻撃のイメージを共有する

Break 5minutes

6　GAME　　10分

〈目的〉：プレースピードを上げて速く攻撃する

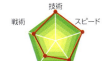

10 min 攻守の切り換えを速くする

状況に応じて効果的にカウンターを仕掛けることで攻撃のスピードがアップする。カウンターでは全員が攻撃のイメージを共有し、連動して動くことを意識する。

7　PK（P26参照）　　10分

session 8 試合の状況に応じた攻撃のスピードを使い分ける

　カウンター攻撃のようなシンプルな速攻に対して、時間をかけてゆっくり攻める戦術が効果的な場合がある。相手ディフェンスに対して味方の人数が足りていない場合の攻撃で、味方が帰陣するまでボールをキープして時間を稼ぐ必要があるからだ。この場合のポイントはボールに食いつくのではなく、ボールを失わないことを最優先に考えることだ。毎日の基本的なボールテクニックの練習にバリエーションを加えて、さまざまな状況に対応できるようレベルアップする必要がある（コツ33）。

　また、数的不利の攻撃では、多少無理な体勢からでもシュートを打たなくてはならないことも多い。どんなパスにでも反応してシュートできるように、試合の状況を想定したシュート練習を行うようにすると効果的だろう（コツ35）。守備で数的不利になった場合の

ポイントも併せて理解させ、臨機応変に試合の流れの中で応用できるように何度も繰り返して練習することが大切だ（コツ36）。

戦術練習は、ひとつひとつを完全に理解させるまでにある程度の時間がかかる。根気よく続けて取り組むことを徹底し、戦術のバリエーションを増やすことで少しずつチーム全体のレベルアップをはかるようにしたい。

コツ33：ボールテクニックのバリエーションを増やす
コツ34：ミスをしないパスの技術を身につける
コツ35：さまざまなパスに反応してシュートする
コツ36：数的不利の場合の攻守のポイントを確認する

session8

1		ウォーミングアップ			10分
2	ボールテクニック	2人1組のパスのバリエーション（長い距離のパス、左右に動いてボレーまたは胸トラップボレー、左右に動いてヘディング）			計20分
3	ロンド	4 vs 2 × 4 (8m × 8m)	4 vs 4+4 (10m × 10m)	8 vs 4 (15m × 15m)	計15分
4	シュート	クロスボールからヘディングシュート	トライアングルからシュート		計10分
5	戦術	3 vs 2の数的不利の守備			15分
6	ゲーム	数的不利の場合の守備のポイントを理解する			10分
7		PK練習			10分

1　ウォーミングアップ（P22〜25 参照）　10分

2　BALL TEC　計20分

2人1組のパスを
いろいろな方法で練習する

5 min　長い距離のパス

ピッチの横幅の距離を目安に行う長い距離のパス回し。長い距離に正確なパスを送る技術は、センタリングやサイドチェンジの時に大きな武器となる。

距離が離れていてもできるだけ相手の足元に正確にパスを出すことを意識させる

10 min　左右に動いてボレーまたは胸トラップボレー

動きながらのパスやトラップからのパスは、ボールを正確にコントロールできないとミスになりやすい。特に胸トラップでは、ボールの勢いを確実に止めることを意識させる。

5 min　左右に動いてヘディング

ひとりがボールを左右に散らすように投げ、もうひとりがヘディングで返す。投げるボールの高さや早さに変化をつけて、さまざまなパターンに対応できるようにする。

コツ33：ボールテクニックのバリエーションを増やす

READER'S VOICE
サッカーでボールテクニックがないということは、文字が書けないのと同じこと。ひらがな、カタカナ、漢字などさまざまな文字や語彙が使えないと美しく優れた文章が書けないように、さまざまなパターンのボールテクニックを身につけて初めて、多彩な戦術を自由に実現することができるのだ。

Break 5minutes

3　RONDO 　　　　　　　計 15分

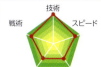

スペースに制限を設けてパスを回す

5 min　4vs2×4（8m × 8m）

2人で攻撃し、ミスしたら別の4人の場所に移動する。少ない人数で正確にパスを回す技術を磨く（P61参照）。

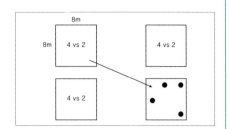

5 min　4vs4+4（10m × 10m）

スペースに制限を設けて、ピッチを左から右に移動する。ボールを横に速く運ぶことを意識させる（P73参照）。

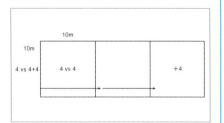

5 min　8vs4（15m × 15m）

数的不利でボールを奪われないように意識させることで、判断力とパス回しのスピードを速くする。

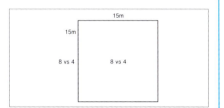

：ミスをしないパスの技術を身につける

READER'S VOICE

ゲームこそが最大の練習であり、数多くこなすことがレベルアップに直結する。スペースやタッチ数などに制限を加えた練習は、ゲームで浮き彫りになった課題をピックアップして修正するための手段なので、時には何日も同じ内容を根気よく繰り返すことも必要になる。

4　SHOT　　　　　　　　　計10分

シュートチャンスを増やすための
動きを工夫する

5 min　クロスボールから ヘディングシュート

ゴール前を横切るクロスボールを、ヘディングでゴールの対角にシュートする。GKの位置をよく見て、一番取りにくい場所を狙ってシュートすることを意識させる。

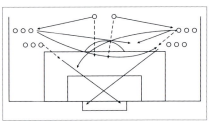

クロスボールからのシュートのパターン例

5 min　トライアングルからシュート

3人でゴール前にボールを運びシュートする。お互いの動きをサポートしながら、ゴールまでのイメージを共有してシュートチャンスを増やす。

コツ35：さまざまなパスに反応してシュートする

5　TACTICS　　　　　　　　　15分

数的不利の場合でも
あわてずに守備をする

15 min　3vs 2の数的不利の守備

攻撃が3人、守備が2人の数的不利の場合の守備。攻撃側は必ずひとりがフリーになるので、その動きやパスコースを察知して守る必要がある。左右から、中央からと変化をつけて行い、それぞれの場合の危険なスペースを理解させる。

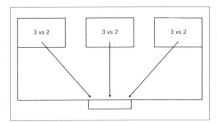

数的不利の守備のパターン例

コツ36：数的不利の場合の攻守のポイントを確認する

Break 5minutes

6　GAME　10分

〈目的〉：数的不利の場合の守備のポイントを理解する

10 min　状況に応じた効果的な守備をする

相手の攻撃の人数が多い場合は、多少のリスクは承知の上で少ない人数で守ることが必要になる。パスコースを切るのか、スライディングなのか…など、状況に応じた判断力を磨くようにする。

7　PK（P26参照）　10分

HALF TIME 8

監督の役割とコーチの役割

　全員が同じ方向性で練習に取り組むためには、具体的なチームモデルを設定して共通のイメージを持たせることが大切です。「バルセロナのようなパス回し」「ミランのような攻撃」など具体的なチームモデルを設定すると、選手も理解しやすいでしょう。目標が具体的になればなるほど、それを実現するためにどんな練習をして、どんな戦術を取り入れたらいいかのイメージが明確になります。

　選手の人数が多くなると、ひとりの指導者だけではすべての選手に目が届きにくくなり、コーチとの分業が必要になります。基本的な方向性を共有しつつ、それぞれのやり方を尊重し、連携してチームづくりを進めていく必要があるでしょう。それぞれのコーチが自分の色を出しながら指導することでレベルアップし、成長するのをサポートするのも指導者の役割のひとつだと私は考えています。

session 9 オープン攻撃から クロスボールをすばやく入れる

　サイドチェンジからのオープン攻撃は、高校生年代で身につけておくべき基本的な戦術のひとつである。オープン攻撃は左右のスペースを広く使うので、相手ディフェンスはゴール前から離れて守備をしなければならず、ゴール前にスペースが生まれやすい。そこに走り込んだ味方に正確なクロスボールを送ることで、シュートチャンスを増やすことができるのだ（コツ40）。

　オープン攻撃では、できるだけ速く外から中へのクロスボールを入れることが重要になるが、スピードに乗った状態で正確にボールをコントロールするのは技術が必要なので、根気よく繰り返すことが必要だ。日頃からサイドチェンジのパス練習を数多く行うだけでなく、シュート練習もサイドからのアーリークラスに合わせる、サイドチェンジのパスを受けてシュートする…など、パス練習とシュート

練習を関連づけて行うようにしたい（**コツ38** **コツ39**）。

オープン攻撃に限らず、すばやく攻撃するための方法のひとつは、少ないタッチ数でボールを速く動かすことである。高校生年代では、パス練習の際に常にタッチ数を意識させて、タッチ数に制限を設けた状態で練習することが望ましい。長い距離のパスを正確につなぐ技術を身につけることで、サイドチェンジの精度をさらに上げることができるのだ（**コツ37**）。

コツ37：長い距離のパスを正確につなぐ
コツ38：サイドチェンジのパスで攻撃にリズムをつける
コツ39：サイドチェンジからのシュートで確実にゴールを狙う
コツ40：連動した守備でスペースを埋める

session9

1	ウォーミングアップ				10分
2	ボールテクニック	3人1組　15m（パス＆ゴー、3タッチ、2タッチ、ダイレクトパス）	胸トラップからグラウンダーパス	サイドチェンジからミドルパス	計15分
3	ロンド	4 vs 2（5本つないだらサイドチェンジ）	3 vs 3		計20分
4	シュート	サイドからのアーリークロスからシュート（グラウンダー、浮き球）	サイドチェンジからシュート		計20分
5	戦術	7 vs 7からサイドチェンジされた時の守備			15分
6	ゲーム	サイドチェンジで攻撃に変化をつける			10分
7	PK練習				10分

1　ウォーミングアップ (P22〜25 参照)　　10分

2　BALL TEC　　計15分

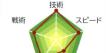

さまざまなパスの技術を身につける

5 min　3人1組　15m（パス&ゴー、3タッチ、2タッチ、ダイレクトパス）

パスを出したら出した方向に走り、リターンパスを出して同様に走る。これを繰り返す。タッチ数に制限を設けて、バリエーションをつけて行う。同様に、5人1組でも行うことができる。

5 min　胸トラップからグラウンダーパス

浮き球を胸トラップして足元に落とし、グラウンダーでパスする。胸トラップで確実にボールを止めて、次のプレーにスムーズにつなげることを意識させる。

5 min　サイドチェンジからミドルパス

サイドチェンジのボールを受けてミドルパスでつなぐ。連続した長いパスを正確につなぐことが、攻撃のスピードアップに欠かせない戦術であることを理解させる。

味方の位置をよく見て、正確にパスを通すようにする

コツ37：長い距離のパスを正確につなぐ

READER'S VOICE　サイドチェンジのパスは、パスを出す側と受ける側の呼吸が重要になる。受ける味方の走るスピードに合わせて、できるだけ足元に正確に出すことを意識させる。

3　RONDO　　　計20分

狭いスペースのパス回しとサイドチェンジを効果的に使い分ける

10 min　4vs 2（5本つないだらサイドチェンジ）

右図のように、攻撃4人、守備2人の6人1組で、攻撃側が5本パスをつないだら逆サイドにロングボールを出してサイドチェンジする。

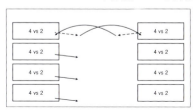

10 min　3 vs 3

スペースに制限を設けた横長のピッチでパス回しをする。正確にボールコントロールして、ピッチの長さを有効に使うことを意識させる。

コツ38：サイドチェンジのパスで攻撃にリズムをつける

Break 5minutes

4　SHOT　　　計20分

サイドチェンジからのボールをシュートにつなげる

10 min　サイドからのアーリークロスからシュート（グラウンダー、浮き球）

サイドチェンジで出たボールをアーリークロスでゴール前に入れ、2人目3人目の連動した動きでゴールを狙う。浮き球、グラウンダーなどクロスボールに変化をつけて練習し、どんなボールでも確実にゴールを狙えるようにする。

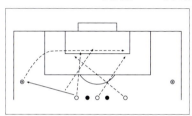

アーリークロスからのシュートのパターン例

10 min　サイドチェンジからシュート

攻撃2人、守備3人の狭いスペースからサイドチェンジのパスをスペースに出し、攻撃側の3人目がドリブルで持ち込んでシュートする。ピッチの左右両側から行い、それぞれのパターンを理解させる。

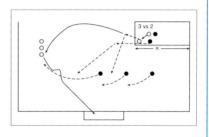

コツ39：サイドチェンジからのシュートで確実にゴールを狙う

Break 5minutes

5　TACTICS　　15分

ゴール前のスペースを埋める動きを理解させる

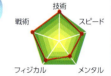

15 min　7vs7 からサイドチェンジされた時の守備

サイドにボールが出ると、2人目の選手がボールをもらうために動き出す。この選手についている守備の選手はフリーにさせないよう一緒に動き、それ以外の守備の選手はゴール前のスペースを埋める動きをする。全員が連動して動く必要があるので、自分の役割を理解してスムーズに動けるようにする。

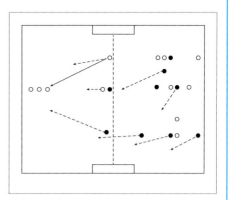

サイドチェンジの守備のパターン例

コツ40：連動した守備でスペースを埋める

6　GAME　　　　　　　　　　　10分

〈目的〉：サイドチェンジで攻撃に変化をつける

10 min　クロスボールをすばやく入れる

サイドチェンジのパスは成功すると非常に効果的な攻撃になる。日頃のゲーム練習から意識して取り入れることで、パスの精度を上げる意識を高めるようにする。

7　PK（P26 参照）　　　　　　　10分

HALF TIME 9

日頃からプロになったつもりで高い意識で練習に取り組む

　流経大付属柏高校サッカー部にも、「サッカーでプロになりたい」思っている選手はたくさんいます。ただし「なれたらいいな」という程度の軽い気持ちでは絶対にプロにはなれません。

　日頃の練習から今現在自分がプロであるような気持ちで、「ひとつミスをしたら次の試合に出られなくなる」というくらいの真剣な気持ちで練習に取り組まなければ決して上達しません。練習の時から本気になって目の前の勝負にひとつひとつ勝つことが自信につながり、勝ち続けることで初めて強くなるのです。

　また毎日の練習では、「きのうよりも今日はこれができた」という達成感が得られるような練習をさせることが大切です。「今日はこれができたから、じゃあ明日はこれをやってみよう」という練習を続けることでレベルアップしていくのです。

　どんなチームでも、初めて大きな大会に行くと次の年には確実に進歩します。現在のチームのレベルに合った達成可能な目標を掲げ、それを着実にひとつひとつ実現していく。県大会出場、ベスト8、県大会優勝…と徐々にステップアップしていくことで、少しずつ見える世界が広がってくるのです。

session 10 球際のプレーを強化する

サッカーというスポーツがボールを奪い合う競技である以上、球際のプレーを強化することは指導者にとっても避けて通れない。ボールを奪うためにはさまざまな方法があり、状況に応じて使い分けられるようになることが必要だ。

空中戦の場合はヘディングが主になるが、ヘディングは高く跳べればいいというものではない。体を預けたり、タイミングをずらしたりして相手のバランスをくずすことで、身長の高低にかかわらずボールを奪うことは可能になることを理解させる。スライディングの場合は、ボールを奪う強さが重要である。スライディングの基本を理解し、ファウルにならないようにプレーすることを意識させるようにしたい（コツ44）。

また、奪ったボールを失わないためには、攻守の切り替えを速くして、ボールをシンプルにつなぐことが必要になる（コツ42）。

パスの長短や速さなど、状況に応じた判断力を磨くことで、ボールを長く保持することが可能になるのだ。

基本的な技術練習は、繰り返して何度も行うことで初めて身につくものである（コツ41）。パス、シュート練習は工夫しだいで無限にバリエーションをつけることができるので、実戦を想定したさまざまな状況で行い、マンネリ化させないことが重要だ。

- コツ41：戦術のベースとなる基本練習は何度も繰り返して行う
- コツ42：攻守の切り替えの速さを意識してボールをシンプルにつなぐ
- コツ43：基本を確認しつつダイレクトシュートの技術を磨く
- コツ44：試合の局面に応じたスライディングの使い分けを知る

session10

1	ウォーミングアップ				10分
2	ボールテクニック	2人1組（チェックから3タッチ、2タッチ、ダイレクトパス）	ヘディング（スタンディング、ジャンプ）		計10分
3	ロンド	4 vs 4+4（10m＋ニュートラル 5m+10m）	4 vs 4＋フリーマン2（20m+50m）		計20分
4	シュート	縦パス受けてカーブシュート	ミドルシュート	クロスボールをアーリーシュート	計15分
5	戦術	スライディングでボールを奪う	ドリブルしながらジャンプしてスライディングをかわす	3 vs 1　スライディングでボールを奪う	15分
6	ゲーム		スライディングでボールを奪う		10分
7	PK練習				10分

1　ウォーミングアップ（P22〜25参照）　10分

2　BALL TEC　計10分

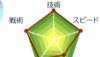

基本的な練習を繰り返し技術を確認する

5min　2人1組（チェックから3タッチ、2タッチ、ダイレクトパス）

2人1組のパス練習はボールコントロールの基本となるので、多少内容が重複しても毎日のように行うことが重要だ。前日練習の反省や課題をふまえて、それを解決するための練習メニューの一貫として位置づける。

相手に体を預けてタイミングをずらすとハイボールに競り勝つことができる

5min　ヘディング（スタンディング、ジャンプ）

同様に、ヘディング練習もなるべく多く取り入れるようにしたい。基本的な技術を確認して繰り返すことだけでなく、戦術に応じて応用できるようになるのが理想だ。

コツ41：戦術のベースとなる基本練習は何度も繰り返して行う

READER'S VOICE

「あの選手のこんなプレーを自分もやってみたい」とまねをすることで、パスもヘディングも多彩な技術を身につけることができる。どんな技術も最初はまねから入って、何度もまねることで初めて自分のものにすることができるのだ。

Break 5minutes

3　RONDO　計20分

狭いスペースのパス回しとサイドチェンジを
効果的に使い分ける

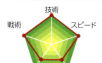

10 min　4vs4＋4
（10m＋ニュートラル5m＋10m）

10m × 10mの2つのスペースの間に5mのニュートラルスペースを作ってボールを運ぶ。ボールタッチは2タッチまでの制限を設けて、攻守の切り替えを速くすることを意識させる。

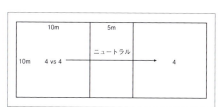

ボールを失わずに運ぶことを意識させる

10 min　4vs4＋フリーマン2（20m × 50m）

攻撃4人＋守備4人に2人のフリーマンを加えて、2タッチ以内でパス交換しながらスペース内を往復する。ボールを奪われずに1往復できたらフリーマンが1点とする。少ない人数とボールタッチで長い距離を走ることで、シンプルで速い攻撃につなげることができる。

コツ42：攻守の切り替えの速さを意識してボールをシンプルにつなぐ

Break 5minutes

4　SHOT　　計15分

基本的なシュートの技術を確認する

5min　縦パス受けてカーブシュート
　縦パスからのカーブシュートは、基本のシュートパターンとして繰り返し練習する必要がある。ペナルティエリアの左右から、中央から…と変化をつけて行う。

5min　ミドルシュート
　グラウンダーでゴールポストの隅を狙ってシュートする。パスを受けてシュート、ドリブルからシュートなどバリエーションを工夫して繰り返し行う。

5min　クロスボールをアーリーシュート
　クロスボールからのダイレクトシュートはGKが一番反応しにくい。正確にミートして狙った場所に蹴れるように繰り返し練習させるようにする。

GKの位置をよく見て正確にゴールを狙いシュートする

コツ43：基本を確認しつつダイレクトシュートの技術を磨く

5　TACTICS　　計15分

攻守それぞれに有効なスライディングを知っておく

5min　スライディングでボールを奪う
　タッチライン際に出たボールをピッチ外に出し、相手の攻撃を止める。ボールを着実にブロックして、アウトサイドでボールを確実に外に出すことを意識させる（P23〜24参照）。

5 min ドリブルしながらジャンプしてスライディングをかわす

　ドリブルでトップスピードに乗った状態から、相手のスライディングをジャンプしてかわす。カウンターやサイドチェンジが成功してボールをひとりで持ち込んだ場合、相手の守備はファウル覚悟でスライディングを仕掛けてくる場合があるので、あらかじめそれを想定して簡単にボールを失わないことを意識させる。

5 min 3vs1　スライディングでボールを奪う

　数人でプレスをかけて相手を囲い込み、スライディングでボールを奪う。相手を倒すとファウルになってしまうので、正確にボールだけを狙うことを意識させる。

コツ44：試合の局面に応じたスライディングの使い分けを知る

Break 5minutes

6　GAME　　10分

〈目的〉：スライディングでボールを奪う

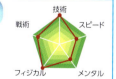

10 min スライディングの技術を磨く

　ゲームの攻守の中で効果的にスライディングを使う。開脚、ベースボールそれぞれの基本的な動きを試合の場面でも有効に活用しつつ、できるだけファウルをしないことを意識させる。

7　PK（P26参照）　　10分

session 11 試合前のコンディションチェック

　試合の前の準備にはさまざまな方法がある。基本的には試合の前の週は戦術練習を重点的に行い、対戦相手の特徴をイメージしながら練習することを意識させるといいだろう。試合が近づいてきたら、通常通りのボールテクニックやシュート練習でひとりひとりのコンディションを十分にチェックしておく（コツ45）。できれば週の半ばに紅白戦を行い、その際のコンディションを一応の目安とする。最終的には、試合前日の体の切れ具合を確認して最終的なメンバーを決定するようにしたい。

　試合前日にはあまり追い込む練習をせずに、守備や攻撃の約束ごとを再確認することに重点を置く（コツ46）。シュート練習は必ずディフェンスをつけて行い、正確にゴールを狙う基本を徹底して行う（コツ47）。また、セットプレーの攻撃パターンを整理し、動き方

を確認しておくようにする（コツ48）。

練習の終わりには毎日選手だけでミーティングをさせるといいだろう。その日の練習の内容を確認し、対戦相手のイメージを共有して結束を高めるという意味でも効果的だ。実際の試合でどのようにプレーするかをなるべく自分たちで考えさせることで、自立心を養うことができる。

- コツ45：なるべく多くのパスをつなぐことを意識させる
- コツ46：4人単位の基本的な戦術で攻撃パターンの理解を深める
- コツ47：GKの位置をよく見てシュートのタイミングをはかる
- コツ48：ディフェンスのブロックの後ろから走り込みゴールを狙う

session11

1		ウォーミングアップ			10分
2	ボールテクニック	5人1組（パス＆ゴー）	ボレー（左右または正面）	6人1組十字パス（2タッチ、ダイレクト、浮き球）	計15分
3	ロンド	4 vs 4+4	4 vs 4+4（オープンからシュート）		計20分
4	シュート	ワンツーパスからのカーブシュート	ミドルシュート		計20分
5	戦術		リスタートからの攻撃		10分
6	ゲーム		すばやいリスタートを攻撃につなげる		10分
7		PK練習			10分

1　ウォーミングアップ（P22〜25 参照）　　10分

2　BALL TEC　　計15分

正確にボールをコントロールし
極力ミスをしない

5min　5人1組（パス＆ゴー）

session 9の3人1組のパス＆ゴーと同様。パス交換のスピードを意識しつつ、正確に相手に渡すようにする（P84参照）。

5min　ボレー（左右または正面）

トラップしたボールをボレーで正確にコントロールする。左右または正面の狙った場所に蹴ることを意識させる。

「練習のための練習」にならないよう、常にディフェンスとの勝ち負けを意識させる

5min　6人1組十字パス（2タッチ、ダイレクト、浮き球）

ディフェンスなし、ディフェンス付きのパターンでタッチ数などに制限を設けて行う。どの条件下でも、なるべく多くのパスをつなぐようにする。

コツ45：なるべく多くのパスをつなぐことを意識させる

READER'S VOICE　十字パスは人数を変えることでさまざまなバリエーションが可能になる。ボールテクニックの練習がマンネリ化しないように変化をつけた練習メニューを工夫することが大切だ。

Break 5minutes

3　RONDO　　　　　　　　計20分

4vs4+4で
攻撃のバリエーションを増やす

10 min　4vs4+4

4人のディフェンスに対して、4＋4の8人がボールを回す。できるだけボールを速く運ぶ（トランジット）することを意識して攻撃のスピードを上げる。

10 min　4vs4+4（オープンからシュート）

4vs4＋4の練習は、さまざまなバリエーションが考えられる。外に開いてシュートで終わることで、攻撃のパターンに対する共通理解を深めさせる。

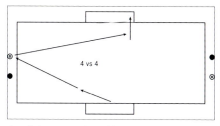

オープンシュートのパターン例

コツ46：4人単位の基本的な戦術で攻撃パターンの理解を深める

Break 5minutes

4　SHOT　　　　　　　　計20分

さまざまなパターンのシュート技術を磨く

10 min　ワンツーパスからのカーブシュート

ゴール前での速いパス交換とシュートは攻撃の大きな武器になる。狭いスペースを正確に通すことを意識させてワンツーパスからのカーブシュートの精度を高める。

ミドルシュート (10 min)

グラウンダーで正確なシュートを蹴る。常に狙ったところに蹴ることと、GKのタイミングをはずすことを意識させる。

強いシュートでなくても、GKのタイミングをはずせば確実に決めることができる

コツ47：GKの位置をよく見てシュートのタイミングをはかる

5　TACTICS　10分

ゴール前で相手のマークをはずす動きを練習する

リスタートからの攻撃 (10 min)

ゴール前のブロックの背後からゴール前に走り込んで、リスタートからのキックに合わせる。守備のブロックの後ろから走り込むことで相手のマークをはずし、ゴール前でフリーになるチャンスを広げることができる。

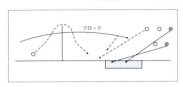
リスタートからの攻撃のパターン例

コツ48：ディフェンスのブロックの後ろから走り込みゴールを狙う

Break 5minutes

6　GAME　10分

〈目的〉：すばやいリスタートを攻撃につなげる

セットプレーを攻撃に生かす (10 min)

セットプレーはもちろん、GKからのビルドアップやスローインも攻撃の起点になり得る。相手のディフェンスの位置をよく確認し、効果的な攻撃をするにはどうしたらいいか考えながら練習させる。

7　PK (P26 参照)　10分

HALF TIME 10

まず何事も「まねる」ことから自分なりのアイディアが生まれる

　スポーツに限らず、絵画でも音楽でも最初の勉強はまず「まねをすること」から始まります。まず「まね」でコピーできるようにする。何度も何度も「こういうパスがしたい、ドリブルがしたい」と思いながらまねをして練習すると、それが少しずつできるようになり、自分のものになっていきます。とことん追求して自分のものになると、そこで初めて「今度は浮かせてみよう、曲げてみよう」といった自分なりのアイディアが生まれる。模倣が創造へ、コピーがオリジナルへと変わる瞬間です。

　指導者にも全く同じことが言えるでしょう。最初は何でもまねからのスタートでいいのです。チーム作りや指導方法などを考える際に、まず身の回りにあふれている情報から「この目標を達成するためには何をしたらいいか」を取捨選択し、わからなければモデルとなるチームを見てまずはまねをしてみる。サッカーのチームだけでなく、いろいろなスポーツや競技を見て盗むことも大切です。それを続けていくうちに、しだいに自分なりのアイディアが生まれ、指導にもアレンジを加えていくことができるようになるのです。

HALF TIME 11

練習の目的はイメージで伝え
考えさせることで自立心を養う

　指導の際に重要なのは、トレーニングの際に1から10まですべてを選手に指示しないことです。
「このプレーをするにはこういうイメージで」という指示の出し方をすると、具体的な結果を出すためにどうしたらいいか、いやでも必死で考える。これが非常に大切で、その結果生まれたアイディアを実現するために120％努力して工夫することがステップアップにつながるのです。

　サッカーは、他の競技よりも多く自立心が問われるスポーツです。というのも、野球のような攻守の切り替えやバスケットのようなタイムアウトもないので、いったん試合が始まったらすべての状況を自分で判断してプレーしなくてはならないからです。日頃から常に指導者の指示に従うだけの練習を繰り返していると、試合に勝つための自立心やアイディアを育てることができません。

　勝ちにこだわり、勝利を目指すためには、日頃の練習から自分で考え、判断してプレーさせることが必要であり、それが自立心の育成にもつながっていくのです。

第3章

上級編
試合を想定して実戦感覚を磨く

試合は最大の練習であり、試合経験を積めば積むほどレベルアップが期待できる。実戦を想定した試合形式の練習で課題をピックアップし、練習の段階から勝ちにこだわる習慣をつけさせることが大切だ。

session 12 ひとつ先のプレーを読み セカンドボールを拾う

ボールを失わず、試合の主導権を握ってゲームを進めるためにはさまざまな方法が考えられるが、そのうちのひとつが「ひとつ先を読んでプレーすること」であることは疑いないだろう。これはつまり「賢いサッカーをする」ということを意味する。

ひとつ先を読むことがチャンスに直結するわかりやすい例は、セカンドボールを拾うことだ（コツ52）。シュートの跳ね返りやヘディングのこぼれ球などがどこに来るかをいち早く予測することで、相手よりも一歩速く動き出すことができ、チャンスを広げることができる。特に試合の前には、セカンドボールを拾ったらどのように攻撃に転じるのか、チーム全体でイメージを共有しておくことも重要だ。

ボールを奪ったら複数の選手が連動してゴールを目指すことも大切だ。動きながらのパス交換をスムーズに行うためには、実戦

を念頭に置いて精度の高いパス練習をさせることが必要になる（コツ49）。

GKからのビルドアップを攻撃の起点として生かすことも重要だ（コツ51）。GKには最終ラインからの声でディフェンスの位置やスペースの有無などを的確に指示することを徹底させ、全員守備と全員攻撃の意識を高めるようにする。

- コツ49：実戦を念頭に置きひとつひとつの練習の精度を上げる
- コツ50：GKからのビルドアップと攻撃パターンを理解する
- コツ51：複数の選手が連動してゴールに向かう
- コツ52：ゴール前のセカンドボールの競り合いを強化する

session12

1	ウォーミングアップ				10分
2	ボールテクニック	3人1組（パス＆ゴー、2タッチ、ダイレクト）	胸トラップ（スタンディング、ジャンプ）	ヘディング（ジャンプ、ボディコンタクト）	計15分
3	ロンド	4 vs 4（20m×50m）	4 vs 4+2（横長）		計15分
4	シュート	カーブシュート	3人でサイドからシュート		計10分
5	戦術	浮き球のセカンドボールを拾って攻撃（右、中央、左）			10分
6	ゲーム	プレーの精度を上げて試合に備える			10分
7	PK練習				10分

上級編　試合を想定して実戦感覚を磨く

1 ウォーミングアップ（P22～25参照） 10分

2 BALL TEC 計15分

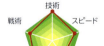

パス、トラップ、ヘディングの基本を
再度徹底する

5min 3人1組
（パス＆ゴー、2タッチ、ダイレクト）

session 9の3人1組のパス＆ゴーと同様。実戦を想定して、パス交換のスピードを意識させる（P84参照）。

5min 胸トラップ
（スタンディング、ジャンプ）

胸トラップでボールの勢いを確実に止め、次のプレーにスムーズに移る。ディフェンダーをつけて行うとより実戦に近い練習になる。

5min ヘディング
（ジャンプ、ボディコンタクト）

実戦での競り合いを想定して、練習時から体をぶつけ合ってお互いにしっかり押し合うことを意識させる。

当たり負けしないようしっかり体をぶつけ合う

コツ49：実戦を念頭に置きひとつひとつの練習の精度を上げる

READER'S VOICE

「常にひとつ先のプレーを読む」のが賢いサッカー。日頃のパス練習やミニゲームから意識して「先を読む」習慣を身につけさせることで判断力もレベルアップする。

Break 5minutes

3　RONDO　　　　　　　　　　計 15 分

縦に早い攻撃と横に広い攻撃を練習する

7 min　4 vs 4 (20m × 50m)

GKからのビルドアップでボールを回す。スペースが縦長なので、縦に速い攻撃を意識させる。

8 min　4 vs 4+2 (横長)

同様に、横長のスペースでGKからのビルドアップでボールを回す。ピッチの横幅を広く使った攻撃を意識させる。

GKからのビルドアップで正確にパスをつなぐ

コツ50：GKからのビルドアップと攻撃パターンを理解する

4　SHOT　　　　　　　　　　計 10 分

縦に速いシュートと横幅を使ったシュートの手順を理解する

5 min　カーブシュート

クロスのパスを受けてカーブシュートする。1人がゴール前に走り込み、シュートのこぼれ球を狙う。

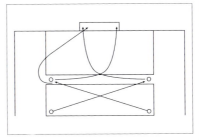

カーブシュートのパターン例

3人でサイドからシュート

3人のパス交換でサイドチェンジからシュートする。ピッチの横幅を広く使い、スペースに走った味方の足元になるべく正確にパスを送ることを意識させる。

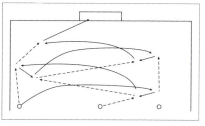
パス交換からのシュートのパターン例

コツ51：複数の選手が連動してゴールに向かう

Break 5minutes

5 TACTICS 10分

セカンドボールの処理の方法を理解しすぐに攻撃に切り替える

 浮き球のセカンドボールを拾って攻撃（右、中央、左）

ゴール前の浮き球を拾って攻撃につなげる。スペースにボールを出すのか、味方に合わせるのかなど、さまざまな状況を想定してすばやく攻撃に転じる。

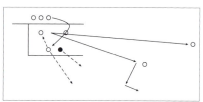
ボールを奪ったら速くスペースに出して攻撃につなげる

コツ52：ゴール前のセカンドボールの競り合いを強化する

 **READER'S VOICE** 試合直前には相手チームの特徴や戦術を研究し、それに対応するための具体的な練習メニューを多く盛り込むようにする。

6　GAME　　　　　　　　　　　10分

〈目的〉：プレーの精度を上げて試合に備える

10 min　実戦をイメージしてプレーする

パス、シュート、ヘディングなど、ひとつひとつの技術の精度を上げて実戦に備える。スタメンを想定したAチームと控え中心のBチームの紅白戦を行い、コンディションを確認する。

7　PK（P26参照）　　　　　　　　10分

HALF TIME 12

「戦うメンタリティ」は「一番」になることで培われる

　多くの指導者が直面している最大の悩みは、「戦うメンタリティ」をどう育てるかということでしょう。特に最近の高校生は小さくまとまっている「いい子」が多く、いざ試合になった時に力を発揮できるのか不安になることも少なくありません。

　戦うメンタリティを育てるためには、個人のレベルで負けん気を鍛えることが必要です。ですから私は、どんなことでもかまわないので「自分が一番！」という得意分野を持たせるようにしています。幸いサッカーには一番になれる要素がたくさんあります。「スローインの一番」「声出しの一番」「フリーキックの一番」…。何かの一番になることで自信がつき、しだいに気持ちの強さが身についていくのです。

　また、具体的な目標を常に口に出したり、目につくところに張り出したりするのも効果的です。「県大会優勝」「全国制覇」など、目標を日常的に見ることを繰り返すことが大切なのです。

session 13 試合前の課題を整理しプレーの精度を上げる

　試合の前日の練習の基本は、ひとりひとりのコンディションを整え、なるべく平常心で試合にのぞめるようにすることである。試合から逆算して積み上げて来た練習メニューを再確認し、パス、シュートなど基本的な練習を集中して行う（コツ53）。シュート練習ではGKの位置をよく見て、GKとの駆け引きも含めて確実にゴールを狙うことを意識させる（コツ55）。セットプレーからの動き方のパターンやゴール前の競り合いなどの約束ごとは、再度徹底しておく必要があるだろう（コツ56）。また、守備のポジショニングなどは、対戦相手の特徴を全員が頭に入れた上で、イメージを共有しつつ再確認するようにしたい。練習後のミーティングで勝つためのメンタリティについてもう一度確認するのも効果的だ。

　試合日程によっては前日に移動や前泊などを伴うことがあり、通常通りの練習日程が組めないことも多い。また、大きな大会な

どの場合は会場練習などのスケジュールがあらかじめ決められているので、その場合は最終的な選手のチェックを早めに済ませておく必要があるだろう。試合前日の練習ではコンディションを落とさないための調整を限られた時間内で効率よく行うことが重要だ。

> コツ53：横の動きを意識しながらパスの精度を上げる
> コツ54：実戦を想定して攻守の基本を確認する
> コツ55：シュートの技術を磨きセンタリングの基本を徹底する
> コツ56：コーナーキックのサインプレーを確認する

session13

1	ウォーミングアップ				10分
2	ボールテクニック	2人1組で左右に動く（チェック、3タッチ、2タッチ、ダイレクト）	胸トラップ（左右に動く）	ミドルパス＆ヘディング	計15分
3	ロンド	6 vs 2+ フリーマン 2 ビブス2人同色	6 vs 2+ フリーマン 1 ビブス3人同色		計15分
4	シュート	ドリブルシュート	振り向いてカーブシュート、浮き球をシュート	センタリング	計15分
5	戦術	CK（ショートコーナー、中がサイン）	CK（ロング、中がサイン）		計20分
6	ゲーム	セットプレーから攻撃を組み立てる			10分
7	PK 練習				10分

上級編　試合を想定して実戦感覚を磨く

1　ウォーミングアップ（P22～25参照）　10分

2　BALL TEC　計15分

横への動きを意識しながら
パス交換する

5 min　2人1組で左右に動く
（チェック、3タッチ、2タッチ、ダイレクト）

2人1組のパス練習のバリエーション。パスを左右に散らしながら、タッチ数に制限を設けて行う。

横の動きを加えることで、より実戦に近い練習になる

5 min　胸トラップ（左右に動く）

パス練習と同様に、左右に動きながら胸トラップする。ボールの勢いを確実に止め、次のプレーにスムーズに移ることを意識する。

正確なミドルパス1本はショートパス2本よりも攻撃をスピードアップすることができる

5 min　ミドルパス＆ヘディング

ミドルパスからのヘディングの精度を上げる。パスを出す側、ヘディングする側それぞれに基本的な技術を徹底させる。

コツ53：横の動きを意識しながらパスの精度を上げる

READER'S VOICE　同じ練習を繰り返し行うことは決して無駄ではない。何度も繰り返すことで、実際の試合でも自然に体が動くようになる。

Break 5minutes

3　RONDO　　計15分

対戦相手の特徴に応じた動きを確認する

 6vs 2＋フリーマン2
ビブス2人同色

 6vs 2＋フリーマン1
ビブス3人同色

　攻守それぞれの役割を細かく分けることで、試合中のさまざまな状況に対応するための判断力が磨かれる。実戦や相手チームの特徴を想定して、なるべく具体的な状況を設定すると効果が高い。

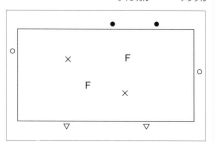

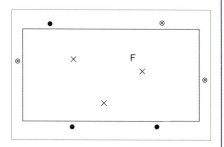

コツ54：実戦を想定して攻守の基本を確認する

4　SHOT　　計15分

ゴール前のシュートと
センタリングの精度を上げる

5 min　ドリブルシュート
　ゴール前に1人で持ち込んでシュートする。ディフェンダーをつけて、より実戦に近い形で行う。

5 min　振り向いてカーブシュート、浮き球をシュート
　ゴールに背を向けた状態から反転してシュートする。ゴール前の状況を一瞬で判断して正確にゴールを狙うことを意識させる。

5 min センタリング

センタリングの時の立ち足を確認する。ボールに対してかかとから横に踏み込み、立ち足のつま先をできるだけ内側（ゴール側）に向けると、無理な体勢からでもゴール前に蹴ることができる。

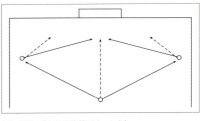
センタリングからの攻撃パターン例

立ち足の向きを前から見たところ

立ち足の向きを後ろから見たところ

立ち足の向きの悪い例。つま先が前を向いている

コツ55：シュートの技術を磨きセンタリングの基本を徹底する

5　TACTICS　　計20分

コーナーキックの戦術を確認し連動して動く

10 min　CK（ショートコーナー、中がサイン）

ゴール前の守備の陣形を見て中の選手がサインを送るショートコーナー。ゴール前のディフェンダーを引き出し、ゴール前の空いたスペースを狙う。

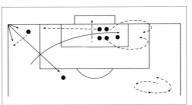

10 min　CK（ロング、中がサイン）

ゴール前にロングボールを送る。キッカーとと連動して複数の選手がゴール前に詰めることでスペースを空け、そこに別の選手が走り込む。

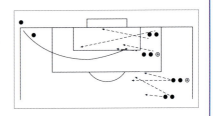

コツ56：コーナーキックのサインプレーを確認する

6　GAME　　　　　　　　　　　10分

〈目的〉：セットプレーから攻撃を組み立てる

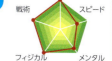

10 min　ゴール前のセットプレーを確認する

セットプレーからの攻撃は大きなチャンスになる。実戦を想定したさまざまなセットプレーを練習し、ゴール前での動き方を確認しておくようにする。

7　PK（P26 参照）　　　　　　　10分

HALF TIME 13

試合でも平常心を保ちリラックスする方法とは？

　人間は誰でも興奮すると心拍数が上がり、呼吸が浅くなります。深い呼吸はリラックスするための大切な手段であり、精神をコントロールする上でもとても重要です。

　深呼吸のポイントは、息をゆっくり、長く吐くことです。そこで私は以下のような腹式呼吸を教えています。

　　息を吸う　　→　　2秒
　　息を止める　→　　3秒
　　息を吐く　　→　　15秒

　計20秒で3回繰り返しても1分なので、日頃から心がけるのはもちろん、試合中のコーナーキックやリスタートの時などにできるだけ行うようにさせています。

session 14 ボールを保持してプレスをかける

　高校生年代では、パス練習で常にタッチ数を意識させることがボールテクニックのレベルアップに欠かせない。理想的な攻撃のひとつは、ダイレクトパスだけをつないでゴールを決めることであり、タッチ数の少ないシンプルなボール回しができることがその前提となる。通常のパス練習でも、3タッチ、2タッチ…と少しずつタッチ数を減らして、できるだけ少ないタッチ数でパスの精度を上げるようにしたい（コツ57　コツ60）。また、ダイレクトシュートは一番GKが取りにくいシュートなので、チャンスではなるべくダイレクトでゴールを狙うことを意識させることも重要だろう（コツ58）。
　試合の流れの中では、パスの長短を判断して攻撃に変化をつけることが不可欠であり、狭いスペースでのショートパスばかりだと相手にボールを奪われる危険がある。スペースの有無を見極めて、

サイドチェンジやスペースのパスに走り込む連動した動きを、チームとしての約束ごとを確認しておくようにしたい（**コツ59**）。また守備では、前の選手と糸でつながっているようなイメージを持ってラインをコンパクトに保ち、いつも同じ距離感を保ちながら前線からの守備でプレスをかける。そしてボールを奪ったらすばやく攻守を切り替え、正確に速いパスをつなぐことを意識させる。

コツ57：基本的な技術練習と実戦を想定したメニューを組み合わせる

コツ58：スペースの広さに応じた攻撃をする

コツ59：複数の連動した動きでシュートチャンスを広げる

コツ60：シンプルにボールをつないで速く攻撃する

session14

1	ウォーミングアップ				10分
2	ボールテクニック	5人1組（パス＆ゴー、胸トラップ、ヘディング）	浮き球（2タッチ、ダイレクト）	タッチバックランジャンプ（左右肩入れ）	計15分
3	ロンド	4 vs 4 vs 4（20m×20m）	6 (4+2F) vs 6 (4+2F)（50m×15m）	ロングボールから1対1のシュートゲーム（25m×45m）	計15分
4	シュート	ドリブルから斜めにシュート（中央から、左右から）	3人目でシュート	ミドルパスからクロスボール	計25分
5	戦術	トライアングル	2 vs 3 からカウンター（左、右）		計10分
6	ゲーム		守備と攻撃の戦術を確認する		10分
7			PK 練習		10分

1 ウォーミングアップ（P22〜25参照）　　10分

2 BALL TEC　　計15分

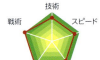

浮き球や空中戦など
実戦に即した練習メニューを増やす

5min　5人1組
（パス＆ゴー、胸トラップ、ヘディング）

　Session11の5人1組のパス練習のバリエーション。タッチ数やパスの内容に制限を設けて、基本的なパスの技術を確認する。

浮き球の処理では最初のボールタッチの正確性が問われる

5min　浮き球
（2タッチ、ダイレクト）

　浮き球を処理してパスする。タッチ数に制限を設けることで、ボール扱いの精度を高める。

5min　タッチバックランジャンプ
（左右肩入れ）

　空中戦を強化する。下がりながらジャンプして体をぶつけ合い、当たり負けしないボディバランスと体幹を鍛える。

高さのあるフォワードとの対戦では、空中戦の強さがカギとなる

コツ57：基本的な技術練習と実戦を想定したメニューを組み合わせる

Break 5minutes

上級編　試合を想定して実戦感覚を磨く

3　RONDO　　計15分

スペースの広さを意識して攻撃する

 4vs 4vs 4
(20m × 20m)

 6 (4+2F) vs6 (4+2F)
(50m × 15m)
　スペースに制限を設けて3チームでボールを回す。狭いスペースで味方に正確にパスをつなぐための技術を磨く。

 ロングボールから
1対1のシュートゲーム
(25m × 45m)
ロングボールを受けてGKとの1対1からシュートで終わる。広いスペースを使ってすばやく攻撃することを意識させる。

コツ58：スペースの広さに応じた攻撃をする

4　SHOT　　計25分

ゴール前のさまざまな攻撃パターンを確認する

5 min　ドリブルから斜めにシュート（中央から、左右から）
　session13同様、ゴール前に1人で持ち込んでシュートする。ゴール前の3か所から行い、どこからでも確実にゴールを狙うことを意識させる（P111参照）。

10 min　3人目でシュート
　3人のパス交換からシュートする。最初にパスを出した後にどこに走り込み、どこを狙ってシュートするかを理解させる。

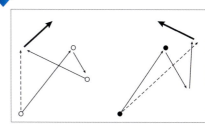
3人のパス交換のパターン例

10 min ミドルパスからクロスボール

ボールをサイドのスペースにパスしたらゴール前に走り込み、リターンのクロスボールを受けてシュートする。同時に3人目がゴール前に走り込み、こぼれ球を狙う。

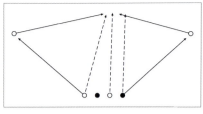

○＝攻撃　●＝守備

コツ59：複数の連動した動きでシュートチャンスを広げる

Break 5minutes

5　TACTICS　　　計10分

パス交換からの連動した動きでゴールを狙う

5 min トライアングル

3人で三角形を作り、連動してパス交換しながらシュートする。ディフェンダーをつけてより実戦に近い形で行い、1対1の駆け引きなどを強化する。

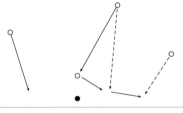

○＝攻撃　●＝守備

5 min 2vs3からカウンター（左、右）

数的不利な状況でカウンターからゴールを狙う。左右それぞれから行い、ボールをシンプルにつないで速く攻撃することを意識させる。

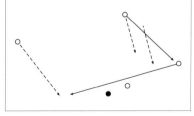

○＝攻撃　●＝守備

コツ60：シンプルにボールをつないで速く攻撃する

6　GAME　　　　　　　　　　10分

〈目的〉：守備と攻撃の戦術を確認する

10 min 相手の特徴をイメージしてプレーする

　直近の試合を念頭に置いて戦術を確認するためのゲーム。セットプレー、守備のポジショニングなど、対戦相手の特徴を考えながらプレーすることを意識させる。

7　PK（P26参照）　　　　　　　10分

HALF TIME 14

「運」は決して偶然ではなく自分でつかみ取るもの

「勝負は時の運」というように、スポーツの勝敗には運の善し悪しがつきものです。しかし私自身は「運が悪い＝努力が足りない」のではないかと考えています。

　たとえばPK戦の勝敗は運で決まるとよく言われますが、運が来るのは毎日必死で練習するからであって、努力しないところには決して運はやって来ません。狙って蹴ったPKがポストに当たった時にゴールの内側に転がるか外側に転がるかは誰にもわかりませんが、より努力した方に運がやって来ると私は信じています。

　たとえ失敗しても、結果をポジティブに考えることが新たな運を呼び込むことにつながります。苦しかったことや負けた経験を「まだ自分には何かが足りなかった」とポジティブに受け止めてそれを踏み台にしていく人間は必ず強くなる。勝負には必ず運不運がつきまといますが、いい運を呼び込めるように自らの人間性を高めていくことが大切なのです。

session 15 あらゆる状況を想定して試合にのぞむ

「試合に勝つこと」。それはすべての指導者に課せられたテーマであり、チームを強くするための最大の方法でもある。あらゆる練習は試合と対戦相手を想定し、そこから逆算してどのような内容を盛り込んでいくかを考えるべきであり、ある程度のスパンを持って繰り返し練習して理解させる必要があるだろう。

たとえば相手チームに高さがあり、空中戦に強い場合は、試合の前に集中してディフェンダーとの1対1の駆け引きやヘディング練習に取り組む必要があるだろう（コツ61　コツ63）。競り合いからボールを奪ったら、すぐに攻撃に転じてボールを速くゴール前まで運ぶ練習も必要だ（コツ62）。また、サイドチェンジやクロスボールなどを効果的に使って、ゴール前のどこからでもシュートを打つ意識を持たせるようにしたい（コツ64）。

日頃から勝ち負けにこだわって練習を続けることで、勝利のメンタリティは少しずつ養われる。試合中の状況変化に臨機応変に対応できる精神力を養い、自立した選手を育てることが指導者の役割だろう。苦しい時でも自ら考えて決断し、行動できる選手は個の力も強くなる。全員が勝ちにこだわり続けることで初めて勝つ確率が高くなり、チーム全体がレベルアップしていけるのだ。

- **コツ61**：空中戦を強化しヘディングの技術を磨く
- **コツ62**：攻守の切り替えを意識してパス交換を速くする
- **コツ63**：ディフェンダーとの1対1の駆け引きの技術を磨く
- **コツ64**：ピッチのどこからでもゴールを狙う意識を持たせる

session15

1	ウォーミングアップ			10分
2	ボールテクニック	スローイン	ヘディングの競り合い	ミドルパス＆ヘディング	計15分
3	ロンド	6 vs 3 (10m×10m、2タッチ)	4 vs 4+4 (10m×5m ニュートラル×20m、2タッチ)		計15分
4	シュート	1対1からボール奪ってポストプレー	ミドルシュート	アーリーシュート (DF 1人)	計15分
5	戦術	2 vs 3の攻撃（左、右、中央）			計15分
6	ゲーム	球際で競り負けないことを意識する			10分
7	PK練習			10分

上級編　試合を想定して実戦感覚を磨く

1　ウォーミングアップ（P22～25参照）　　10分

2　BALL TEC　　計15分

高さを意識したヘディング練習で対人プレーを強化する

相手スローインの場合にも守備の集中力を切らさないようにする

5 min　スローイン

スローインはショートだけでなく、ロングボールを使うと攻撃にアクセントがつけられる。味方からのスローインだけでなく、相手のスローインをカットして攻撃につなげる意識も忘れないようにしたい。

5 min　ヘディングの競り合い

自陣ゴール前の空中戦では相手に主導権を握らせないことが大切だ。身長差がある場合でも、うまく体を預けて相手のタイミングでヘディングをさせないようにする。

身長のあるフォワードに対しては複数でマークして自由にプレーさせないようにする

5 min　ミドルパス＆ヘディング

ゴール前では、ヘディングでボールを競り合うことが多くなる。ディフェンダーの位置をよく確認し、競り負けないタイミングでジャンプすることを意識させる。

日頃の練習から厳しく球際で競り合うことで実戦でも強さを発揮することができる

コツ61：空中戦を強化しヘディングの技術を磨く

3　RONDO　　　　　　　　計15分

狭いスペースで正確にパスをつなぐことを徹底する

7 min　6 vs 3
（10m × 10m、2タッチ）

攻撃6人、守備3人で狭いスペースで正確にパスをつなぐ。タッチ数に制限を設けて早いパス回しを意識させる。

8 min　4 vs 4+4
（10m×5mニュートラルx20m、2タッチ）

同様にタッチ数に制限を設けて、速いプレスと攻守の切り替えを意識しながらパスを正確につなぐ。

コツ62：攻守の切り替えを意識してパス交換を速くする

4　SHOT　　　　　　　　計15分

ポストプレーやアーリーシュートを練習する

5 min　1対1からボールを奪ってポストプレー

1対1でボールを奪い、そのままゴール前まで持ち込む。もう1人の味方にマイナスのクロスで預けて走り込み、リターンパスからゴールを狙う。

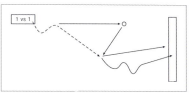

1対1からの攻撃パターン例

5 min　ミドルシュート

グラウンダーの強いシュートで攻撃を終える。GKの位置をよく見て、どこからでも正確にゴールを狙うことを意識させる。

5 min　アーリーシュート（DF 1人）

1対1でディフェンダーを抜き、遠い位置からアーリーシュートでゴールを狙う。ディフェンダーとの駆け引きを強化し、ミドルシュートの技術を磨くことができる。

コツ63：ディフェンダーとの1対1の駆け引きの技術を磨く

Break 5minutes

5　TACTICS　　　計 15分

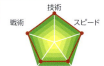

複数の連動した動きからゴールチャンスを広げる

 2vs 3の攻撃（左から）

 2vs 3の攻撃（右から）

5 min 2vs 3の攻撃（中央から）

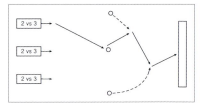

2vs3の攻撃のパターン例

3人の連動した動きでパスを回し、ゴールを狙う。ゴールの左右または中央のどこからでも攻撃できることを理想に、さまざまなパターンを繰り返して実戦に備える。

コツ64：ピッチのどこからでもゴールを狙う意識を持たせる

6　GAME　　　10分

〈目的〉：球際で競り負けないことを意識する

10 min 対人プレーを強化する

対戦相手の特徴を念頭に置き、対人プレーや駆け引きなど、実際の試合で必要な技術やタイミングを再確認する。

7　PK（P26 参照）　　　10分

HALF TIME 15

負けた原因を考えることが次に勝つことにつながる

　スポーツは勝負が目的であり、必ず勝ち負けが決まります。誰でも「勝ちたい」と思って試合に臨みますが、残念ながら負けることもままあります。指導者自身が負けたのです。

　高校生年代に「負けてもいい」はないと私は常に考えています。そのためには日頃のトレーニングから勝ち負けを覚えさせて勝つメンタリティをつけることが大切になります。どんなゲームでも負けていいゲームはありませんし、負け癖がついてしまうのは一番良くありません。

　負けた時に、その「負け」をどのように受け止めるかはとても重要です。「負けたけど内容は良かった」では次の勝ちは生まれません。また選手を怒ったり、必要以上に慰めたりするのは良くありません。それよりも負けた原因をしっかり分析し、次に勝つ方法を考えることが大切なのです。なかなか勝てない相手に対して負けた原因を修正して次にのぞむことで、選手も指導者も少しずつレベルアップしていく。負けを簡単に受け入れる指導者がいるチームは決して強くなりません。どんなに弱いチームでも、負けん気の強い指導者がいれば、必ず這い上がっていけるのです。

COLUMN 2　フィジカルトレーニング　2

戦術理解を深めるためのメニューに集中して取り組む

　高校生年代に最も大切なことは戦術を理解してそれを実現することであり、さまざまな戦術に対応できる技術力と判断力を養うことである。戦術練習は、日々の練習で少しずつ行うことが必要だが、試合が近づいたら集中して行うことで、実戦をイメージした理解をさらに深めることができる。

　戦術練習は対戦するチームによっても必要な内容が異なる。相手の特徴を知り、勝つためにはどうしたらいいかを考えた上で、指導者が具体的なイメージを選手に伝えることが重要だ。

| 1 | ウォーミングアップ (P22〜25 参照) | 10分 |

| 2 | BALL TEC | 20分 |

- 10min　5人1組の十字パス
- 10min　2人1組のミドルパス

ボールテクニックの基本的な技術を確認させるための練習は繰り返し行い、レベルアップをはかる。

| 3 | サーキット | 60分 |

　下の表のように、6分交代の3メニューを18分を1セットとして3セット行う。ABCそれぞれのゲームのルールに基づいて、攻撃をシュートで終わることを意識させる。右のようなローテーションで6分ずつ異なるメニューを3セット行う。

1	ハードル	A	B	6分チェンジ	18分
2	ハードル	A	C	6分チェンジ	18分
3	ハードル	B	C	6分チェンジ	18分
				計54分	